営業力

仕事力

経営力

あなたのコミュニケーション力10倍up（アップ）の極意

はじめに

本書は、自身の経験をもとに、参考文献も取り入れながら、自身の血となり肉となったノウハウを凝縮しました。したがって、類似書にない極めてユニークな内容となっています。

執筆に際して、類似書の中でも特にベストセラー書といわれるものも参考にしました。

しかし、参考になる箇所はあっても、これでコミュニケーションに関するノウハウを納得できるまで吸収できたとは思えませんでした。

本書では、私の50年近いビジネスパーソンとしての経験や、学んできたことを、人生のコミュニケーションのエッセンスとして凝縮し､誰もが理解し活用できるように､平易な文章にまとめました。

私たちは学校でコミュニケーションの勉強をしませんでした。

そのため、多くの人は実社会に出てから、その職場で学んだことを中心にコミュニケーションの大切さを学んでいきます。しかし、それはあくまでもその職場限りで通用するコミュニケーションといえます。

本書では、「あいさつ」も含めたコミュニケーションの基本、コミュニケーションの各種ツール

（携帯電話、メール他）の基本的なマナーも解説しています。特に若い方で、相手とのコミュニケーションに戸惑っているような場合に参考になります。また、自己流のコミュニケーション方法で人間関係がうまくいっていない年配の方もいるかもしれません。そのような事例においても参考になると思います。

『あなたの人脈力10倍アップの極意』の中で、私はコミュニケーション力が最重要であることを力説しました。

その図表に関しては、第1章「コミュニケーションは全てのベース」を参照願います。本書ではそれを詳しく解説していきます。

本書は２０１２年に発売したＤＶＤ『あなたのコミュニケーション力10倍アップの極意』をベースに、私のメルマガ『マーキュリー通信』のシリーズ「ワンポイントアップのコミュニケーション力」を参考に追加しました。ただし、「ワンポイントアップのコミュニケーション力」は約２００回に及んでおり、これを全部追加すると、４００ページくらいになってしまうので、その中からビジネスに関係のあるものを抽出しました。残りは『あなたのコミュニケーション力10倍アップの極意　人生編』としていずれ出版する予定です。

前述のとおり、本書は新たな試みとして、章などに関連するメルマガ『マーキュリー通信』を参考記事として追記しています。私の経験をもとに書き綴った内容に、その時々のメルマガ『マーキュリー通信』の臨場感ある事例を加えることで、より立体的な理解を、読者に与えられるものと考えます。

メルマガ『マーキュリー通信』を16年で4000回以上書いてきました。同メルマガは、現役のビジネスパーソンとして活動している私の思いと行いを記述したものです。

メルマガ作成は、日々様々なインスピレーションが湧き、キーワードが浮かんできます。そして、パソコンのキーボードの上に指を置くと、文章がだーっと出てきます。そういう特技を身につけました。

また、私の知識と経験が、ある時点で上級レベルに達していることに気づきました。確かに、専門家と比べれば劣ります。しかし、専門家の場合、専門分野以外の知識は意外とあいまいであることが多いと分かりました。

そこで、私は専門知識までは必要としない読者を対象に「10倍アップの極意シリーズ」を出版することにしました。

その第1弾が、本年1月末に出版した『Ｂｏｂ　Ｓｕｇａｙａのあなたの英語力10倍アップの極意』です。

4月には『あなたの人脈力10倍アップの極意』を出版しました。

そんな私をスーパージェネラリストと位置づけました。つまり、知識レベルは専門家にはかなわないけれど、一般人としては専門知識を必要としない人に、正しい知識をお伝えするのが私の役割と認識しました。

今後も「10倍アップの極意シリーズ」として、私の50年近いビジネスパーソンとしての経験をもとに、執筆を続け、若い世代に承継していきたいと思っています。

いくらＡＩが発達しても、ＡＩが人間にかなわない部分が多数あります。それを書物として出版することにしました。

本書のノウハウを実践することで、あなたのコミュニケーション力は格段にアップすることと思います。

私自身、若い頃と比べコミュニケーション力は10倍にはなっていると思います。

しかし、コミュニケーションに終わりはないと考えています。日々学びです。

なぜなら、相手が１００人いたら１００通りのコミュニケーションとなるからです。

さらに、公私の立場でもＴＰＯにより発言内容が変わってきます。

本書を執筆しても、今後もまだまだ多くの学びを得て、自己成長していきたいと思います。

コミュニケーション力を高める最大の要素は素直さです。

他人から学ぼうとする素直さが欠如したときに、あなたのコミュニケーション力はストップします。同時にあなたの仕事力、人間力、営業力等諸々の能力に限界を来します。

私自身まだ71歳です。素直さを忘れない限りまだまだコミュニケーション力が伸びると思っています。

今後も更にコミュニケーション力を磨き、次作『あなたのコミュニケーション力10倍アップの極意　人生編』では、さらに、コミュニケーション力のアップした私のノウハウを皆様に開示したいと思いますのでご期待ください。

令和2年8月
富、無限大コンサルタント
最勝の経営参謀役　菅谷信雄

目次

第2章

コミュニケーション力をアップする

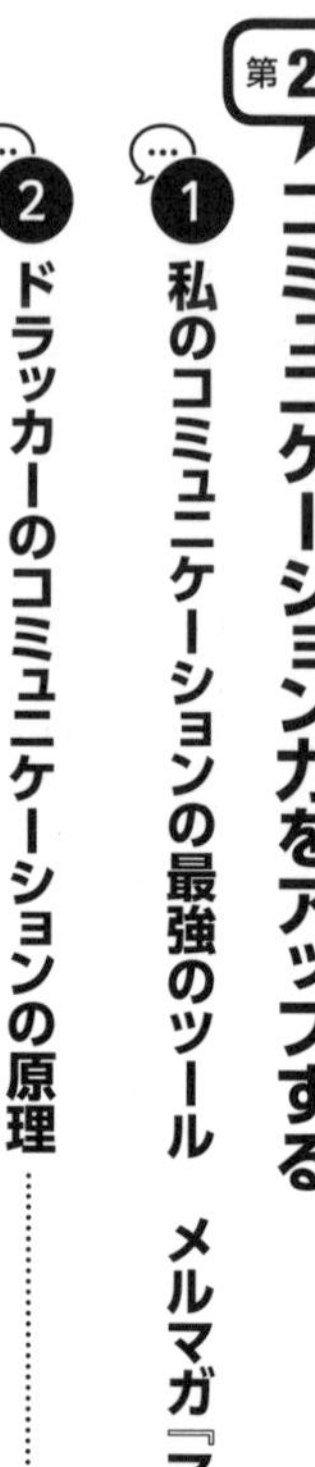

4 相手のニーズに耳を傾ける

第4章 各種コミュニケーション手段の基本ルール、マナー、使い分け

第5章 メンタルヘルスの重要性

第6章
コミュニケーション力アップ応用編

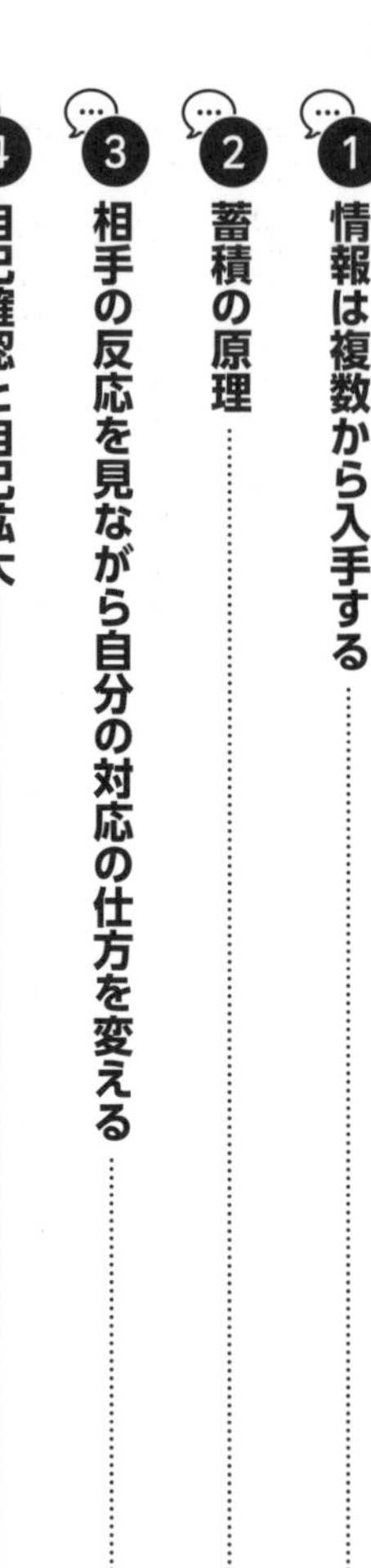

第1章

コミュニケーションの重要性

1 コミュニケーションは全てのベース

〔1〕コミュニケーションは全てのベース

10倍アップの極意シリーズでは、『Ｂｏｂ Ｓｕｇａｙａのあなたの英語力10倍アップの極意』から始まって、前作の『あなたの人脈力10倍アップの極意』（令和2年4月発売）、営業力、プレゼン力、トーク力、仕事力、人間力、経営力、クリエイティビティ、幸福力等全部で16冊発刊する予定ですが、全てコミュニケーション力がベースです。

これらの能力を図示すると左記のようになります。

これらの能力は密接な関係にありますが、並行的な関係ではなく、左図のようになります。

本書ではコミュニケーション力を取り上げます。

それぞれの関係性は各能力を取り上げるときに、再度詳しく解説したいと思いますのでご期待ください。

幸福力

経営力
営業力
人脈力
プレゼンテーション力
英語力

仕事力

人間力

コミュニケーション力

〔2〕郷に入れば郷に従う

私は総合商社三井物産に1972年（昭和47年）に入社し、1997年（平成9年）5月まで25年間勤務しました。

その間、10ヶ所の異なる職業を経験しました。

三井物産では、上司のことを役職で呼ばず、「さん」づけで呼びます。社長のことも「さん」づけで呼ぶのにはびっくりしました。

新入社員のとき、配属された部署は管理会計部開発会計課でした。

そこでもやはり上司のことを「さん」づけで呼び、社長、役員のことも「さん」づけで呼んでいました。

なお、上司は私のことを「君」づけで呼んでいました。

しかし、私が担当する営業部署は、当然新入社員の私より年上ですが、皆私のことを「さん」づけで呼んでいました。

部署が違うと内外の外扱いとなり、他人行儀となるのでしょうか。違う部署の人のことは入社年次にかかわらず概ね「さん」づけで呼んでいました。

同期入社は8人いましたが、親しくなると皆「おれ、おまえ」の仲となり、呼び捨てで呼び合うようになりました。

会社組織とは面白いもので、私より年上でも後輩は私を「さん」づけで呼び、私は後輩のことを「君」づけで呼んでいました。言葉遣いも先輩のことは1年でも違うと丁寧語を使っていました。

私は現役入社のため、同期の大半は年上でしたが、同期は呼び捨てで呼んでいました。

Coffee Break

― 初めて「さん」づけで呼ばれた日 ―

調布中学校に入学すると担任の先生は国語の教師の小林とみ子先生（故人）でした。

小林とみ子先生は、男女問わず全員を「さん」づけで呼んでいました。それまでずっと「君」づけで呼ばれていたので、当初はくすぐったい感じでした。しかし、「さん」づけなのは、自分たちは中学生となり、大人として認めてもらったためだと分かるとうれしい感じがしました。小林とみ子先生は、オランウータンに似ていたので、私は先生のニックネームを「オランウータン」と名付けました。本来なら怒るところですが、先生はオランウータンのニックネームを生涯大事にしてくれました。

小林とみ子先生からは、毎年長文の手書きの年賀状や暑中見舞いをいただき、亡くなる直前まで続きました。今でも私はその年賀状を大切に保管しています。

入社4年目（1975年、昭和50年）に、開発本部鉄鋼建材部に異動となりました。

そこで上司の課長を「さん」づけで呼ぶと、「態度がでかい。課長と呼べ」と叱られました。

鉄鋼建材部は、国内の鉄鋼営業で義理人情、浪花節の世界なので、取引先も含め、皆役職で呼んでいました。


入社7年目（1978年、昭和53年）に石炭部に異動となりました。

そこでは、上司のことをファーストネーム、「アーサー」、「ピーター」、「トム」とか呼んでいたので、鉄鋼建材部とのあまりの違いにびっくりしました。

石炭部は、外国人との付き合いが多いので、お互いにファーストネームで呼んでおり、その習慣で社内でも上司のことをファーストネームで呼んでいました。

私はボブと呼んでもらうことにしました。


1980年（昭和55年）には海外転勤、カナダ三井物産カルガリー店に駐在となりました。

そこでは、象のような巨体のジョーンおばさん（50代？）が私の秘書でした。

ジョーンは私のことを、いつも“Mr.Sugaya”と呼んでいました。

カルガリー店のスタッフ同士はファーストネームで呼び合うのですが、自分のボスのことは“Mr.”と呼ぶようです。

ある日、ジョーンおばさんに、夕方4時過ぎにコピーを頼みました。

するとジョーンおばさんは、

“Mr.Sugaya! I can't because I'm going to have a date with Peter（ジョーンおばさんの夫）.”

と断られました。

退社間際の夕方にコピーを頼むなんて非常識とたしなめられました。

これもカルチャーの相違と良い経験となりました。カナダはプライベートも大切にする国民性と分かりました。

1984年（昭和59年）5月に帰国し、鉄鋼総括部システム統括グループに異動となりました。ここは三井物産の一般的な呼び方で呼んでいました。

1986年（昭和61年）に新しくできた情報産業部門に異動となりました。その翌年には私がプロジェクト責任者として、テレマーケティングの新会社、株式会社もしもしホットラインの設立に携わりました。

私は、自ら「もしもしホットライン」への出向を希望しました。

「もしもしホットライン」設立当初は、営業を始めとして総務から人事まで全てひとりでこなしました。

「もしもしホットライン」の社員構成は、大きく分けると、三井物産からの出向社員、テレマーケティングの専門企業（ベルシステム24、チェスコム秘書センター）出身者、一般公募、新入社員、アルバイトに分類されます。

それまで三井物産では、いくら部門が違えども、同じ三井物産という共通のカルチャーの中で育ってきました。すなわち、同質社会の中でした。

しかし、「もしもしホットライン」は異文化の社員の集合体で、能力差も天と地ほどの違いがありました。

―　オピニオンリーダーがオリンピックリーダーに！　―

当時は、まだワープロの時代でした。

私の秘書に手書きのメモを渡し、できあがった原稿をチェックしたら、「石原裕次郎」が「石原浴二郎」、「オピニオンリーダー」が「オリンピックリーダー」と書いてありました。

私は唖然として注意したら、彼女は悪びれずに「菅谷さんの字が汚い」と応えました。

コミュニケーションとは、その人の年齢、学歴、経験、立場、知識量、仕事への取り組み方、モチベーション等によって同じことを言っても全然違った受け止め方をすることに気づきました。

三井物産時代における最後の職場は、東京電力とのジョイントで創った、東京通信ネットワーク株式会社への出向でした。

あるとき、私の部下が、ヘアヌード写真を机の上に飾っていたので注意しました。彼は「プライベートの侵害」と反論しました。それ以来、彼とのコミュニケーションはギクシャクとしました。

また、東京電力から出向しているT君は営業成績が全く上がりません。実績ゼロです。そこで彼に、もう少し見込客を訪問するように上司として指示しました。

するとT君は、「菅谷さん、私は何も好き好んでここに出向してきたわけでありません。もし、私に不満があるなら、即刻東電に返すようにしてください」と反論してきました。

出向は2回目ですが、「もしもしホットライン」との差が、あまりにもあることに、びっくりしました。

― 見ても良い、聞いても良い、ただし、言わざること ―

東京通信ネットワークへの出向時に、担当役員に呼ばれました。

「当社に入ったらいろいろなことを見聞きすることになるだろう。見ても良い、分からないことを聞いても良い。ただし、自分の言いたいことを言ってはいけない」とクギを刺されました。

入社以来、自由闊達に働いてきた自分にとって、あまりにも社風の違う3年3ヶ月でした。

Photo by ©Tomo.Yun　http://www.yunphoto.net

私のように三井物産で10ヶ所の異なる職場を経験し、10のカルチャーに接した者は毎回新しいカルチャーに接し、こういうカルチャーもあるのだなあということを経験しました。

また、三井物産を退職して23年が経ちます。その間中小企業の経営コンサルタントとして多数の中小企業経営者とお付き合いしてきました。

三井物産在籍中は、どうしても大企業の視点で物事を捉えがちでした。

しかし、退職してからは中小企業の立場でも物事を捉えることができるようになりました。

私の場合、大企業と中小企業の両方の視点、

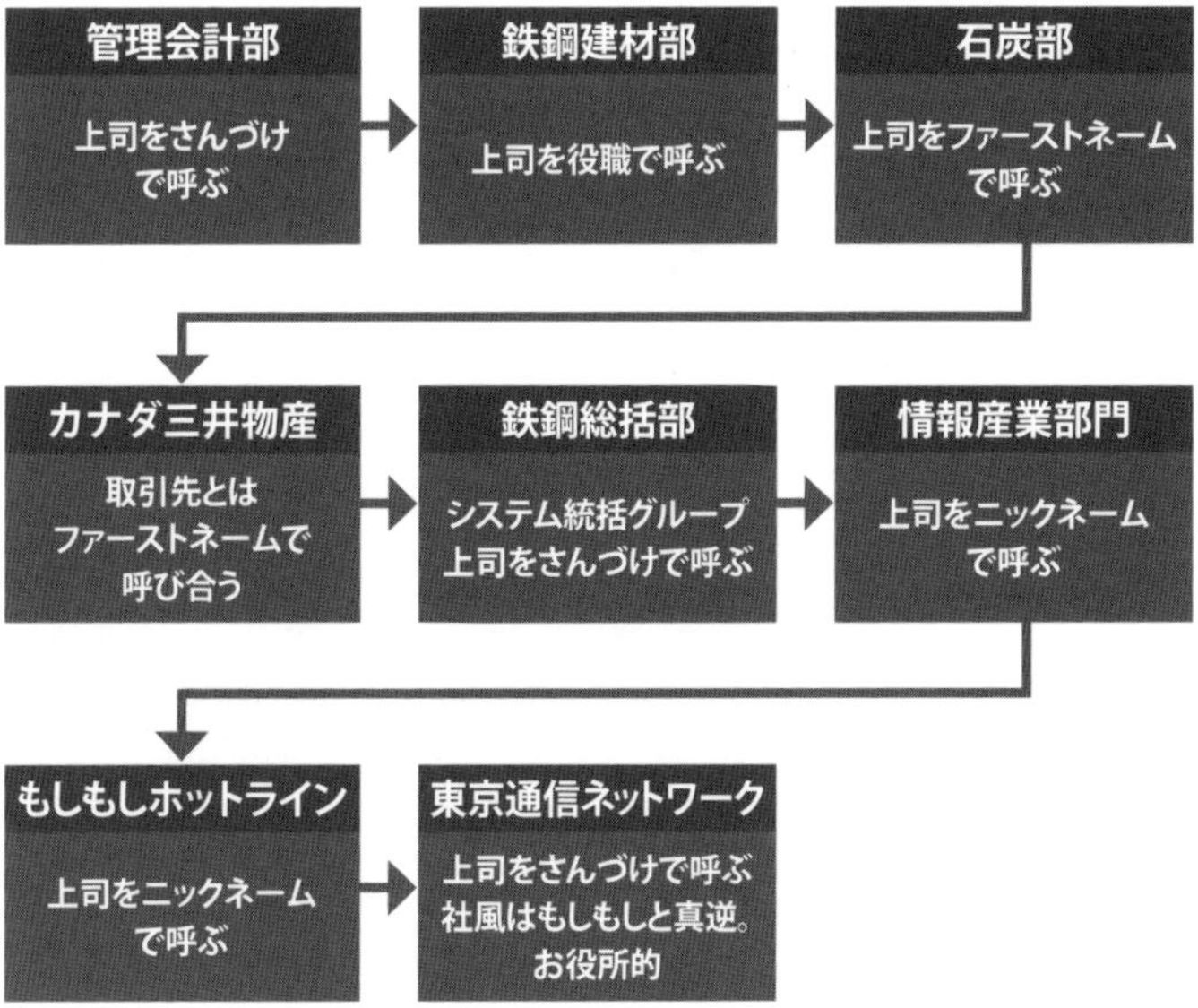

管理会計部	上司をさんづけで呼ぶ
鉄鋼建材部	上司を役職で呼ぶ
石炭部	上司をファーストネームで呼ぶ
カナダ三井物産	取引先とはファーストネームで呼び合う
鉄鋼総括部	システム統括グループ 上司をさんづけで呼ぶ
情報産業部門	上司をニックネームで呼ぶ
もしもしホットライン	上司をニックネームで呼ぶ
東京通信ネットワーク	上司をさんづけで呼ぶ 社風はもしもしと真逆。お役所的

そして多角度思考ができるようになりました。

もし、サラリーマンとして一生涯同じ職場にいたら同じ職場仲間達とのコミュニケーションしかできなくなります。

いずれは定年退職するわけです。人生100年時代、大多数の人が定年退職後も働かなければならない時代となりました。

しかし、ここに終身雇用の弊害が現れています。

すなわち、同じ職場にずっといるとその中だけでしか通じない人間となり、新しい職場では使い物にならない可能性が多々あり、それが現代社会の問題となっています。

そういう意味で各種異業種交流会に参加する、趣味の会に参加する、副業により異文化の人と接することも大切です。

なお、異業種交流会参加に関しては、前作『あなたの人脈力10倍アップの極意』で詳細に書いていますので、そちらを参考にしてください。

2 ちょっとした工夫・心がけでコミュニケーションが円滑にいきます

〔1〕初対面での相手の呼び方

日本では学生時代まではファーストネームやニックネームで呼んでいた人も多いと思います。
しかし、ビジネス、社会人の場では、初対面で相手に対する呼び方をどうするかのルールが一応決まっています。

概ね、年齢性別にかかわらず「さん」づけで呼ぶのが無難です。
または、相手が役職者なら役職で、「課長」「部長」「社長」と呼ぶのが無難です。
特に、若い人が相手を初対面で呼ぶときに、このルールを守った方が無難です。

その後、相手との人間関係が深まるにしたがい、相手も自分の呼び方が「君」づけとか、いろいろと変わってくるかもしれません。

それならその流れにうまく合わせていけばいいと思います。相手の自分に対する感情、心理的変化がそこに読み取れるからです。

要は、自分勝手にコミュニケーションのルールを決めずに、その職場のコミュニケーションをいち早く察知し、それに従うのが無難といえます。

これを間違えると職場で浮いてしまうこともあるので気をつけてください。

日本人の場合、直接面と向かって注意する人は少なく陰で悪口を言う傾向にあります。

ただし、新入社員の頃は、上司や仲間がそのルールを教えてくれることが多いので、それに従ったらいいと思います。

〔2〕基本的なルール

①相手の名前の呼び方

相手の名前をどう呼ぶかということは重要です。若い頃は学生時代の延長線上で、自分より年がひとつでも下だと、呼びつけにしたり、君づけで呼んだりしますね。

しかし、私くらいの年齢（71歳）になると、ほとんどの人が自分より年下になるのです。

人間関係によって、相手の呼び方、自分の呼び方、言葉遣いも変わってくる

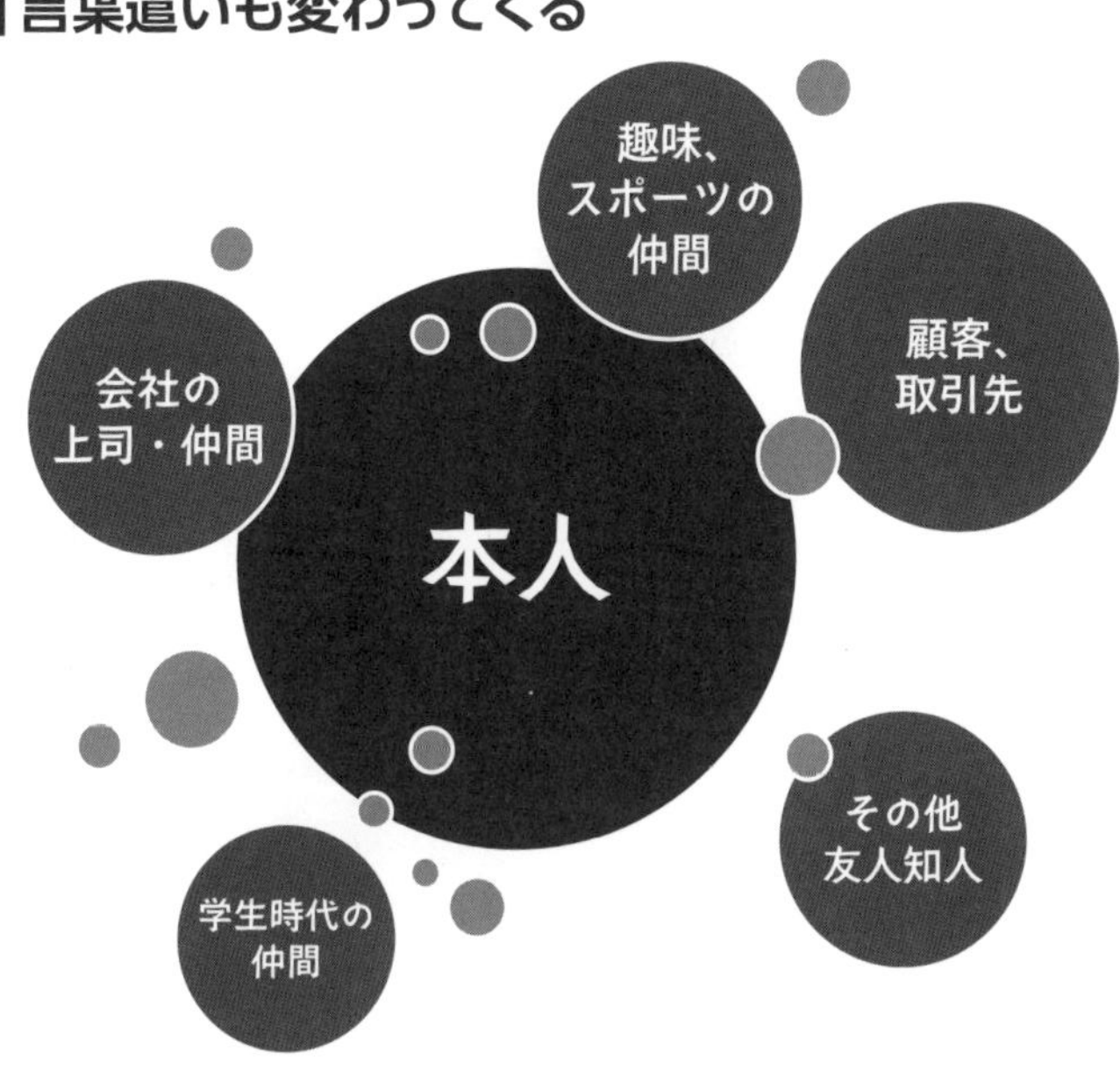

では、年下だからといって、「君」づけで呼ぶかというと、初めての人に対して失礼に当たると思っています。

逆に私より年上の人から初対面でいきなり「菅谷君」と言われたら、違和感を覚えます。

ですから私は基本的には全て「さん」づけで呼んでいます。

相手と私はビジネスの場においては、先輩でも後輩でもなく、対等な関係といえます。ここがポイントで、「さん」づけとは、お互いに対等な立場でコミュニケーションしていきますという意思表示の方法なのです。

よく、自分より年下の人を「君」づけで呼んでいる人を見かけますが、20代く

らいまではそれで良いかもしれませんが、年齢を重ねてくると、どの段階で「君」づけと「さん」づけを分けるのか、自分より年下だから「君」づけで呼んで良いのかというとそれも不自然ではないでしょうか。

初対面の人に対してはなおさらです。相手がどう感じるかということが重要であって、自分中心ではなく相手中心に考えたときには、やはり、「さん」づけで呼ぶのが無難でしょう。また、相手の立場や付き合いの長さ、親密度等により言葉遣い等も当然変わってきます。自分より年下で親しくなった人に対して丁寧な言葉ばかりでは心理的距離感も小さくなりません。ビジネスの場では基本的には「さん」づけですが、人間関係や距離感により言葉遣いを変えることです。

②相手を役職で呼ぶべきかどうか

役職で相手を呼ぶケースも日本のビジネスシーンではよくあります。これも相手との関係によります。

例えば、相手が取引先で、お客様で、周りの人たちから課長、部長、社長等と役職で呼ばれているなら、合わせたほうがいいでしょう。

要は、取引先の会社の雰囲気、慣行に合わせ、役職で呼んでいるなら役職で、「さん」づけで呼んでいるなら「さん」づけで呼ぶようにしたほうがいいでしょう。

③女性に対する呼び方

基本的には、男性同様「さん」づけで呼んでいます。

私の場合、自分から女性に対し積極的にファーストネームで呼ぶことは避けています。なぜなら周りに女性が複数いる場合、特別扱いしたと見做される恐れもあるからです。男女関係は微妙なので、えこひいきのないようその辺を配慮しています。

ただし、その職場で皆が愛称で呼んでいる場合や、本人がファーストネーム・ニックネームを希望する場合には、それに合わせるほうがその場に溶け込みやすくなります。

④一人称の言い方

日本では一人称の呼び方が、「俺」「僕」「私」とありますが、基本的にはビジネスの場では、「私」と言うべきでしょう。

親しくなりプライベートな感覚が出てきたら、「僕」という言葉を使ってもいいでしょう。

最近、目上の人に向かって、「俺」という言葉を使っている人を見受けますが、相手に対して失礼になる場合がありますので気をつけたほうが無難です。

最近はテレビ等公式の場で、自分のことを「僕」と言っている人が増えています。

しかし、何か違和感を覚えます。

また、業界によっては、現場レベルで「俺」という言葉を使うことがありますが、それは「郷に入れば郷に従え」でいいかと思います。

⑤郷に入れば郷に従う

既にできあがっている組織に新たに参加する場合、上記ルールに縛られずに、その組織の慣習に従えばいいと思います。その方がその組織に直ぐに溶け込めるようになります。

〔3〕「長幼の序」を考える

英語の場合、長幼の序であまり言葉遣いは変わりません。心理的距離感とか、人間関係によっては変わることはあります。

しかし、日本人の場合は長幼の序を重んじますので、年上の相手に対しては礼儀を失しないような言葉遣いや対応が必要です。

よく、自分がお客様で相手がそうでない場合に、かなり乱暴な言葉遣いや命令口調をする人がいますが、そのようなことは避けたほうが好ましいです。

相手は自分のお客様だから仕方ないと考えているかもしれませんが、あまり良い気持ちはしないはずです。

自分がお客様の立場であっても、相手が年上ならそれなりの言葉遣いをした方がコミュニケーションは円滑になります。

自分が部署を変わったり、逆の立場になったときなどに、あるいは転職してお客様と接する営業などの部署に回ったりしたときにこの悪い癖が出てしまうとそれだけで相手からむっとされて仕事を進めることができなくなってしまうこともあります。

人間というものは長年同じ職場にいると、ものの考え方とか言葉遣いが固まってくるので、日頃から心がけておく必要があるといえます。

最近は年上の部下を持つケースが増えてきているようです。

やはり年上の部下に気持ちよく働いてもらうためには、長幼の序を重んじた言葉遣いが大切と考えます。

そうでないと飲み会の席で、無礼な年下の上司として格好の餌食となるかもしれません。

(4) 結論を先に言う

私は商社マン時代、新入社員のときから「結論を先に言え」と教育されてきたので、その習慣がついています。

ただ、この「結論を先に言え」も、相手との関係・状況によって異なってきます。例えば初対面の人にいきなり結論から言っても理解できません。

その場合には、言いたいことの趣旨を先に簡潔に述べ、相手が理解したことを確認の上、結論に入っていきます。この確認作業は相手の表情から判断します。

結論を先に言った場合、相手が理解できない場合があります。その場合、相手は分からない点を聞いてきます。そこでコミュニケーションが成り立ちます。

つまり、コミュニケーションとは相手が理解することが重要です。

したがって、起承転結に基づき、説明していっても相手は途中でイライラすることになってきます。

一方、プレゼンテーション等で1時間の持ち時間を与えられている場合、相手の理解を確認しながら起承転結に従い、最後に結論を出す手法でいいことになります。

(5) 身だしなみ

最近は個性の多様化により業界、職種、男女別、その人の個性等により様々なファッションとなっています。

その業界で一目を置かれ、存在感のある場合にはその人独自のファッションが認められると思います。

しかし、若い人の場合、まだまだ相手中心のファッションにしたほうが無難です。まず髪型やファッションに関心を持つ前に、あなた自身の実力を磨く方が優先と思います。それでも、あなた独自のファッションを主張したいなら、周りの人からどのように思われるかは自己責任となります。

Coffee Break

― 学生!? に見られたカナダ駐在員時代 ―

カナダ駐在の頃、日本人は歳より若く見られていました。

当時30代前半でしたが、ジーンズを履いてカジュアルな格好でマンションの下見に行ったとき、学生はお断りと内覧を断られました。

そこで、スーツを着て行ったら、今度はＯＫでした。そして、そのマンションが気に入ったので、住むことにしました。

また、貫禄をつけるためにちょぼヒゲを生やすことにしました。周りのカナディアンからはよく似合うよと言われました。

しかし、店長からはみっともないのでヒゲを剃れと言われました。私は「カナディアンがヒゲを生やして、なんで日本人はいけないのですか？」と反論したのですが、店長は、「カナディアンはカナディアン、日本人は日本人だ！」と訳の分からない主張をしたので、そのままヒゲを生やすことにしました。

〔6〕連絡網の整備

さらに、自分の仕事に真剣に取り組んでいると、何か問題が起きたときに、誰に連絡したらいいかが自ずと分かってくるのです。

つまり、五感の情報を得るために、いつも行動しているわけですから、いろいろなヒューマンネットワーキングができます。

自分のパソコンの中には様々な情報がインプットされています。頭の中にも入っています。そうすると、自分からこの人のところに行ったらいいかなと考える場合もありますが、こんな人に助けて欲しいな、と思っていると縁を通じてその人の方から現れてきたりすることがあります。不思議なものですが、私も経験があります。そのためにも、ヒューマンネットワーキング、これを蓄積することが大切になります。何か問題が起こったときに誰に連絡したらいいかとか、いろんなサポートやヘルプ、支援者等が現れてくるのです。

3 スマイル・コミュニケーション

〔1〕コミュニケーションは潤滑油

コミュニケーションを円滑にする一番の潤滑剤はスマイル、微笑みです。これを行うことによって会話がうまくいきます。ただし、ニタニタはだめです。あくまで微笑みによって相手はリラックスさせられるのです。

相手の心はあなたの鏡です。あなたのスマイルがそのまま伝わります。あなたが苦虫をかみつぶしたような顔ならその顔がそのまま相手に伝わります。

一方、ミーティングの途中であなたが手を組むと相手も手を組むようになります。あなたが脚を組むと、相手も脚を組むようになります。これをミラー現象といいます。

《メルマガ『マーキュリー通信』より　―潤滑油の役割の重要性―》

私は商社出身なので、商社の役割のひとつである「潤滑油」としての役割も果たしています。

A社とB社のマッチングを行う場合、両社間でまだ信頼関係ができていません。そこで私が「潤滑油」的役割を果たします。紹介者としての責任が生じます。その責任とはA社とB社がWin-Winの関係になることです。どちらかがWin-Loseの関係になるようでしたら、Win-Winとなるように調整します。

また、A社とB社のどちらかが、Win-Winの関係を理解できない場合には、私が調整役となって動きます。

一方、人は自分の経験や立場を基に判断しますが、人の経験は千差万別です。自分の経験や立場を基に判断し主張し過ぎると相手との溝ができることが往々にしてあります。そして、ボタンの掛け違いとなり、掛け違いのまま人間関係が悪化し、そのしこりができたまま放置されていきます。

この溝を埋めるために「潤滑油」機能が必要となってきます。

私の場合、広く浅く様々な経験をしてきたので、いつも関係者がWin-Winの関係となるように心を砕いています。

(2) コミュニケーション能力は努力と習慣化によりアップする

若い頃の私はよく人の話を聞かないと言われていました。

世界的ベストセラー書『7つの習慣』(スティーブン・コヴィー著)の第5の習慣に「理解してから理解される」があります。

同書を読んでから、私は私の悪い性癖を直すように努力しました。

私はいつも自分の意見、考え方を持っていました。

相手が自分と異なる意見を言おうとすると、その意見がいつ終わるのかに意識が行き、他人の意見に耳を傾けないことに気づきました。

ひどいときには、他人が意見を言い終わらないうちに自分の意見を主張していることもありました。これでは相手と意見が嚙み合わず、お互いに気分良くなく別れることになります。

そこで、まずは相手の意見をしっかりと聴く習慣をつけました。

その中で、自分と異なる意見、その中から大勢に影響のない意見に対しては特に議論をせずにそのまま受け容れることにしました。

まずベースは心の中をスマイルで満たすことです。そうなると心に余裕が生まれてきます。その結果、相手の話を余裕を持って聴けるようになります。

一方で、自分の意見と重要な箇所で異なる場合、何が相違点なのかを煮詰めます。

ビジネスの場なら、重要な点で異なる場合、それを受け容れたら今後のビジネスに影響を与える恐れがあると思われる場合、そのビジネスを取り上げなければいいわけです。

〔3〕自分の悪いクセを意識的に直す

私の経験から言って、自分の欠点を直すという意識が大切です。

昔、電話で話すとき、「えー」とか、「あー」とかが口癖のようでした。

妻から指摘され、自分の話し方をビデオに録画し聞いてみたところ非常に耳障りでした。

これも心の余裕がないときに結構出ていることが分かりました。心の中をスマイル状態に持っていくと「えー」とか、「あー」とかは出てこなくなりました。

私はこのクセを直し、今では「えー」とか「あー」とか言うことはほとんどありません。

その商品を説明する際、「えー？」などの言葉を言う人が結構います。

あまり多いと耳障りなので、気をつけたほうがいいです。

〔4〕「ありがとう」と「ごめんなさい」

会話の中で、「ありがとう」と「ごめんなさい」をきちんと言えることが大切です。

相手が自分に良くしてくれたときには素直に「ありがとうございます」。

また、自分がミスをしたときや、相手に迷惑をかけたような場合には、直ぐに「ごめんなさい」とか、「すみません」「申し訳ありません」と言うべきです。

これを習慣づけていることによって、相手とのコミュニケーションが非常に円滑になります。

スマイル・コミュニケーションがベースにあると、相手中心のコミュニケーションとなり、自然と「ありがとう」と「ごめんなさい」という言葉が出てきます。

「ありがとう」や「ごめんなさい」を言っても、1円もコストがかかりません。

つまらないプライドを捨てれば、コミュニケーションは円滑に進みます。

〔5〕相手を褒め、やる気にさせる

最後に、相手を褒め、やる気にさせるということです。あんまり過ぎたお世辞というものは良くありませんが、「いやー、良いですね」とか「素晴らしいですね」とか、要は、相手の言うことにうなずく、あるいは合いの手を入れていくことが大切です。

必ずしも褒めなくてもいいですが、うなずき、微笑み、言葉を発することによって、相手を認めるという表現が重要です。

第2章

コミュニケーション力をアップする

1 私のコミュニケーションの最強のツール メルマガ『マーキュリー通信』

私は91年4月から『ひとり新聞四季』（A4版4ページ）を3ヶ月毎に友人知人に送っていました。友人知人に私の公私にわたる活動を知っていただきたく紙ベースで送っていました。久しぶりに読み返しましたが、当時のことが懐かしくよみがえってきます。3ヶ月に一度でしたが、毎回200部以上を印刷して郵送するのは結構大変な作業でした。

その後、大半の人がeメールをやる時代になったので、2004年10月53号を最終号として廃刊することにしました。『ひとり新聞四季』は13年半続いたことになりますが、コミュニケーションの強力なツールとなりました。

同月、メルマガ&ブログ『マーキュリー通信』を立ち上げました。ブログはメルマガと同じ内容でＮｉｆｔｙのココログを利用しています。

私のメルマガスタイルは、思いついたことを徒然なるままに書くことです。毎日キーワードが思い浮かび、キーボードの上に指を置くと自然と文章が出てきます。

そのうちにシリーズで書くようになり、ビジネス、経営、政治経済社会、趣味、健康、スポーツ、人生その他等全部で50以上のカテゴリーに及びます。

ワンポイントアップのコミュニケーション力もそのひとつで、既に約200回書いています。これが出版の題材となり、メルマガをベースに今後50冊発刊の計画です。

こちらはメルマガなので、手軽に発信できます。現在2000名近い読者に発信しています。メルマガ読者に私の公私にわたる想いと行いを発信しています。

あれから早16年が経ち、4000回以上発信しています。『ひとり新聞四季』の時代から既に30年が経ち、私の発信能力とコミュニケーション力もかなり向上しました。やはり蓄積の原理が働いています。30年続くということは当然読者の支援がないと続かないので、その意味では読者にも感謝しています。読者からは感想文をいただき、これもメルマガを書くヒントとなり、メルマガ発信の原動力ともなっています。

あるときイチローが10年連続200本安打を放ったことがニュースとなりました。

私も気づいてみたら10年連続200号以上発信していることが分かりました。現在15年連続200号発信しているので、その記録を軽く超しました。また、イチローの年間最多安打数は262本ですが、私は2010年に318回を記録しました。

そして、日米通算4367安打は「プロ野球における通算安打世界記録」としてギネスブックに登録されていますが、この記録は来年中には更新するつもりです。

私のメルマガスタイルは、思いついたことを徒然なるままに書くことですが、このトレーニングを長年積んできたので、キーワードが浮かび、キーボードの上に指を置くとインスピレーションが湧いてきて文章がだーっと出てきます。そして知らないうちに、これが自分の強み、特技に深化していきました。

そして、スーパージェネラリストの道を歩んでいることに気づきました。

私が定義するスーパージェネラリストとは、プロの知識レベルには及ばないけれど、各分野上級レベルまで力をアップさせることです。知識＋経験により知恵がどんどんついてきます。さらには神仏の御心に適った知恵は智恵へと昇華していきます。ここまで行くと本を書けるレベルとなります。

そこで昨年『生涯現役社会が日本を救う！』を紙ベースでは17年ぶりに出版しました。なお、電子書籍としては『マンション管理、７つの失敗とその回避策』として２０１６年にＡｍａｚｏｎから出版しています。

プロと言われる知識人の本をよく読みます。その知識人の専門分野は確かに学びになります。しかし、その専門分野を少しでも外れると、意外と知らないことが多いことが分かりました。中には間違っていることでも堂々とその正当性を主張している知識人も多数います。

また、多くの有識者と言われる人は、様々なしがらみ、利権構造の下に意見を主張することが多いので、その発言、意見を必ずしも鵜呑みにできません。

そこで私は彼らと異なった意見を奇人変人の異見としてメルマガを通じ主張しています。

これら日々私が学んできたことの積み重ねがメルマガ『マーキュリー通信』となっています。さすがに4000回以上発信してきたので、その重み、ノウハウの蓄積を感じています。

そして、それを後世の世代に精神的遺産として伝えていくことを使命と認識し、本書『あなたのコミュニケーション力10倍アップの極意』を始めとした「10倍アップの極意シリーズ」、さらには『生涯現役社会が日本を救う！』等の、私の想いと行いを結集した書籍を出版することにしました。

メルマガ『マーキュリー通信』の読者の多くは異業種交流会で名刺交換した人が対象ですが、一度名刺交換しても、お互いに名前と顔を忘れてしまいがちです。

しかし、相手は私のメルマガを読んでくださっているので、久しぶりに再会しても私の日頃の言動を理解し、私の人となりを理解していただいています。

そして、それが新たな仕事へと展開していくことも多々あります。

そして、メルマガ『マーキュリー通信』がいつの間にか私の最強のコミュニケーションツールとなっています。

なお、『マーキュリー通信』をご希望の方は、インターネットから『マーキュリー通信』を検索して自動登録できます。もしくはsugaya@mercury-b.comにご連絡いただければ、私の方で登録させていただきます。

2 ドラッカーのコミュニケーションの原理

毎日、ピーター・ドラッカーの『ドラッカー365の金言』を読んでいます。毎日1ページ、テーマを決めて、ドラッカーの著作集の中から格言が記載されています。経営上様々なヒントが得られます。

さて、ドラッカーのコミュニケーションの原理を深く考えることで、ビジネス上も、日常の生活上にも、様々な分野で応用できることと思います。

●ドラッカーのコミュニケーション

原理1	聞く者がいなければ コミュニケーションは成立しない
原理2	我々は知覚することを 期待しているものだけを知覚する
原理3	コミュニケーションは 常に受け手に対し何かを要求する
原理4	コミュニケーションと情報は 別物である
原理5	組織において、 コミュニケーションは手段ではない。 それは組織のあり方の問題である

◆第1の原理〈聞く者がいなければコミュニケーションは成立しない〉

ドラッカーのコミュニケーションの原理を吟味するとはっとさせられ、ドラッカーが指摘する原理原則が働いていることに納得します。そして、この原理を忠実に実践することで、コミュニケーション能力がアップしていきます。

第1の原理「聞く者がいなければコミュニケーションは成立しない」は、当然のことと言えば当然です。しかし、これを深く吟味すると、我々はこの当たり前の原理をきちんと踏まえてコミュニケーションをとっているでしょうか?

要は、相手が関心を示さなければ、相手は聴いたことにならず、コミュニケーションは成立しないわけです。プレゼンテーションや説明の際に、相手の表情や反応を都度チェックしながらコミュニケーションをとっていくにあたっての重要な原則といえます。

◆第2の原理〈我々は知覚することを期待しているものだけを知覚する〉

非常に難しい言葉ですが、私もドラッカーの大ファンで、20冊くらいの本を読んでいますが、数ある著作の中でもこの本は、コミュニケーションの原理の重要性を説いています。

この言葉を、もう少しかみ砕いて言えば、要は、人というものは、年齢、性別、職業、経験等、様々な要素によって知っていることが異なるということです。だから、人は自分の知っていることしか理解できないのだということ。

ある人がいろいろなことを理解しようとしても、その人の経験や職業等によって理解する内容が全く違うものになるのです。また、男性と女性によっても受け止め方が全然違います。

ですから、同じことを言っても理解する内容が人によって変わってくるケースがかなりあります。

例えば、私の場合、経営とか営業関係を長年やってきましたので、相手の言う数字とかをよく覚えていますし、メモもとっています。よく、言ったとか言わないとか争っている人たちがいますが、これは正しくは、言ったけれども相手が理解していないということなのです。

ですから、言っただけでは意味がないということ、相手が理解していなければ意味がないということなのです。

◆第3の原理　〈コミュニケーションは常に受け手に対し何かを要求する〉

相手からメッセージが届いたときに、相手の要求は何なのか、相手は何を求めているのかを正確に把握することが肝要といえます。そして、相手の要求が自分の価値観、欲求や目的と合致したときに強力となります。

相手の要求は、仕事とプライベートではかなり異なります。仕事の場合、相手に伝えたいことを簡潔に伝えようと努力するので、分かりやすいです。ただし、人によってはいったい何を要求しているのか曖昧な場合も時にしてあります。

◆第4の原理〈コミュニケーションと情報は別物である〉

毎日おびただしい情報が入ってきます。そして、それらの情報が私の血肉となって知識や知恵となります。

そして、その一部がメルマガ『マーキュリー通信』となって発信されます。それを受け取った人は、その時点ではまだコミュニケーションは存在せず情報の段階です。情報を受け取った人の中で、『マーキュリー通信』の情報を知覚して初めてコミュニケーションとなるわけです。

『マーキュリー通信』の感想を送ってくる方もいます。もちろんこれもコミュニケーションです。

「情報」に「知覚」が伴って初めてコミュニケーションが成立する。この原則を知っていると、言いっぱなし、説明のしっぱなし等々一方的なもの、これはコミュニケーションが成立していないことになります。一方的に話をする人や、逆に人の話を聴かない人はこの原則を知っているとコミュニケーションがスムーズになります。

◆第5の原理
〈組織において、コミュニケーションは手段ではない。それは組織のあり方の問題である〉

最近は、どこのカスタマーセンターに電話をしても直ぐにオペレーターには繋がりません。番号案内を何回かプッシュして、最終的にオペレーターにたどり着きます。

カスタマーセンターの対応を見て、トップの組織のあり方が見えてきます。

つまり、カスタマーセンターをユーザーからの問い合わせとみるか、顧客サービスの一環と捉えるかによって変わってきます。

つまりユーザー対応という考え方なら、費用対効果を考慮してできるだけ少人数で効率的に対応するように努めます。最近はコロナショックで、オペレーターの人数を絞るカスタマーセンターが増えて、電話が非常に繋がりにくくなりました。

中には0570で始まるカスタマーセンターもあります。この電話番号は20秒ごとに10円課金される旨がアナウンスされます。問い合わせ内容によっては30分以上かかる場合もあります。1分30円ですから、30分で900円もかかります。顧客は通話料金が気になります。会社側としてはなるべく短時間で処理を切り替えたいという意図が伝わってきます。これではカスタマーセンターではなくユーザー対応のコールセンターです。

一方、顧客からの問い合わせや苦情は貴重な情報源と捉える会社は、電話を受け答えする人はオペレーターでなく、マーケッターといえます。そして、顧客対応の仕方も変わってきます。顧客対応が良ければ、次の商品購入も同じメーカーにしようという気持ちになってきます。

なお、フリーダイヤル以外に固定電話も案内している会社もあります。私の携帯電話はかけ放題なので、固定電話を選んでかけます。この方が少しは空いているのではないかという心理が働くからです。

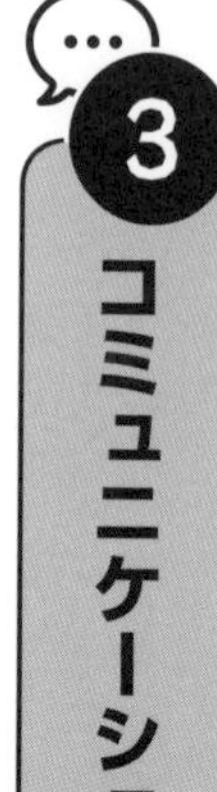

コミュニケーション力強化のポイント

〔1〕人間力を高めることがコミュニケーション力強化のポイント

①人間力を高める

人間力を高めることがコミュニケーション力アップのポイントです。

人間力を高める基本は、前作『あなたの人脈力10倍アップの極意』でもお伝えしたように、感謝の気持ちを持つ、謙虚な心、寛大な心、そして素直な心です。

私はこの3つのKプラス素直のSを足して3KS、これをサンクス（感謝）と呼んでいます。前作『あなたの人脈力10倍アップの極意』でも触れました。

3KSに関しては第2章の5節「信頼関係を構築する」（88頁）で説明していますのでそちらを参照してください。

一方、人間力に関しては来年出版する『あなたの人間力10倍アップの極意』で掘り下げて説明しますのでご期待ください。

②「他人からの注意やアドバイスに感謝する」

私くらいの年齢になると他人からの注意やアドバイスはあまりありません。それでも時々注意やアドバイスをしてくれる人はいます。そんな時、注意やアドバイスを素直に受け容れ、感謝します。

相手から見たら、年配者の私に対し注意やアドバイスをすることは勇気がいることと思います。そういう状況の中で注意やアドバイスをしてくれるわけですから、ありがたいことです。

一方、私は周りの人に気がつけば注意やアドバイスをよくするほうです。もちろん相手のためを思ってのことです。しかし、中にはそれに直ぐに反発する人もいます。そのような態度をする人には、次からは注意やアドバイスはしません。私も余計なことを言って、人間関係を壊したら嫌だという気持ちが働きます。そして、そのような人は、ますます孤立化し相手にされなくなり、協調性のない人間となっていきます。

会社勤めの人は幸いです。上司や周りの人から注意やアドバイスを受ける機会が多数あります。

しかし、会社勤めを辞めてしまうと、注意やアドバイスをしてくれる人はぐっと減り、家族や親しい友人などに限られてしまいます。

会社勤めの間に、注意やアドバイスは自分を向上させるチャンスと思うと、他人からの注意やアドバイスがありがたく聴こえてきます。

〔2〕コミュニケーション力を高める資質

①相手に対する気遣い、気配りの重要性

超高齢化社会を迎え、電車の中には多数の超高齢者も見かけるようになりました。もし、立っている超高齢者を見かけたら、さっと席を譲りませんか。中には、足を広げ、超高齢者が前に立っていることを無視しながら、スマートフォンに興じている若い人を時々見かけます。

ほんのちょっとした気遣い、気配りがその電車の中の空気を和やかにします。人は他人に親切にされるとうれしいものです。人が喜ぶ姿を見ると自分も気分が良いです。日頃それを習慣化していると、その人の人間力が上がり、その人に対する好感度がアップし、人間関係にも好影響を与えます。

②「聴くは十四の心からなる」

コミュニケーションの基本は人の話をよく聴くことです。人の話をしっかり聴くことで、心理的距離が埋まっていきます。その逆の場合、心理的溝が深まっていきます。

結局、他人の意見に耳を傾けない人は、相手にストレスを与え、人間関係に影響してきます。

他人との人間関係は、物理的距離よりも心理的距

離の方が大きいと思います。したがって、この心理的距離をいかに縮めるかがポイントです。

特に、最近Ｚｏｏｍによるコミュニケーションが非常に多くなってきたので、物理的距離はなくなっています。遠隔地でも、普段Ｚｏｏｍを通じコミュニケーションをとっていると心理的壁は取り除かれます。

さらに、リーダーには聴く力が求められます。『なぜ、あのリーダーはチームを本気にさせるのか？』（広江朋紀著　同文館）では、聴く力を左記のように記述しています。

聴
尊敬の心
感謝の心
愛する心
温かな心
公平な心
素直な心
謙虚な心
与える心
寛容な心
認める心
無私の心
労う心
慈しむ心
美しい心

「聴く」という漢字は、耳に十四の心で聴くという構成です。

◉「十四の心」とは…

①尊敬の心　②感謝の心　③愛する心　④温かな心　⑤公平な心　⑥素直な心
⑦謙虚な心　⑧与える心　⑨寛容な心　⑩認める心　⑪無私の心　⑫労う心
⑬慈しむ心　⑭美しい心

いかがでしょうか。自分自身の胸に手を当ててみて、今日一日の言動を振り返ってみてください。この中に私の造語3KSも入っていますね。

「十四の心」を完璧に実施できていたらあなたとの人間関係はうまくいっていると思います。しかし、何かひとつ十分でなかったなら、相手とのコミュニケーションはスムーズにいっていないかもしれません。

これを湯船につかりながら、または就寝のときに振り返ってみたらいかがでしょうか。それだけでもコミュニケーション力アップに繋がります。

〔3〕会話のキャッチボールを心がける

会話をするときのポイントとして、私はいつも「会話のキャッチボール」を心がけています。例えば、自分の説明したいことを一気に説明するのではなく、都度相手の反応を確認しながら、説明することが大切です。

相手が理解したかどうかを考えながら説明していきます。何か反応があったら「あっ、返ってきたな」と考え言葉を繋ぐ。

つまり会話のキャッチボールをするわけです。

こういうことを心がけながら説明していくと非常にコミュニケーションが噛み合っていきます。

〔4〕相手との距離の取り方

①相手との距離の取り方

初対面の人とはまだ人間関係、信頼関係ができていません。

したがって、相手との距離があります。

いつも会っている人であればお互いよく知っている関係なので、言葉遣い、説明の仕方も変わってくると思います。

ですから、相手との心理的な距離がどれくらいあるかによって、説明の仕方も変わります。

②全ての人とうまくいこうと思うと疲れる

それから、全ての人とうまくいこうと思うと疲れます。

私はほとんどの人とうまく合わせることができますが、ごくまれに、波長の合わない人に出会うこともあります。

そのような人に対しては、理解してもらうようには努めますが、この人に気に入ってもらおうとか、うまくやっていこうとか考えると疲れてしまいます。

そこはもう淡々と行い、あとは誠意を持って接すればいいかと思います。

《メルマガ『マーキュリー通信』より──詭弁と論理の違いを知る──》

私のところにはベンチャー企業の営業紹介依頼が頻繁に来ます。

先日もM氏から足利に本社のある企業への営業紹介を依頼されました。

さて、ベンチャー企業の担当者と電車の待ち合わせをする際に、足利までは電車の便が悪いので、ヤフーで交通の乗り継ぎを調べ、接続時間をM氏に連絡しました。

当日、ベンチャー企業の担当者は約束の場所に来ません。私がM氏に携帯で連絡をとるように言いました。また、道中お互いに事前情報を交換したいので、是非担当者と会いたい旨M氏に伝えました。するとM氏は「それは菅谷さんの考えです」と言ってその担当者と連絡をとろうとしません。

結果的には、途中のローカル線での乗り継ぎでその担当者と会うことができました。しかし、私はM氏の「それは菅谷さんの考えです」という発言にびっくりし、それ以降M氏には本音で語ることはなくなりました。

本件に関しては、大前研一著『ザ・プロフェッショナル』(ダイヤモンド社)172頁「詭弁と論理の違いを知る」が参考になります。

詭弁と論理は似て非なるモノです。一見耳触りの良いモノに聞こえても、実際には矛盾を孕んでいるモノは詭弁となります。

M氏の場合も、「自分の考え方を人に押しつけるのは良くない」という主張は一見耳触りが良く聞こえます。しかし、ビジネスの場で、待ち合わせ場所に現れなかったら携帯で連絡をとるのがビジネスの基本です。結果オーライではすまされません。もし、そのときにその担当者が電車に乗り遅れたら、乗り継ぎが極端に悪いため、客先到着が1時間も遅れることになります。私はそれを事前に伝えました。

日本人の場合、相手との人間関係を考慮し、相手の詭弁をそのまま受け容れてしまうことが多いです。しかし、その場で反論しなくても、上司から指示されたことでも、いつも鵜呑みにするのでなく、それはおかしいと思い、自分ならこうするという考え方を持つ習慣はコミュニケーション能力アップの面からも重要といえます。

〔5〕他人は変えられない

次に、他人は変えられない。これは重要です。

「この人、何で分からないんだろう。変えよう」と思ってはだめです。これは相手を上から目線で見ていることになり、相手も不快な気分になることがあります。したがって、どこが分からないのかを把握する努力をします。分からない箇所をピンポイントで把握し、その部分を説明するようにします。

相手の立場に立つことで、相手とのコミュニケーションが変わってきます。これについては次章で詳しく説明いたします。

〔6〕空気を読む

①空気を読む

次に空気を読むということは、その場の雰囲気を絶えず読みながらやっていくということですが、これは結構難しいのですね。

例えば、自分が説明をしていて相手の反応が弱い、関心が無いように思われるとき、その関心の無い分野は割愛したり、絞り込んでいくことです。その代わり、その人の関心のある分野を膨らませていくことです。

相手の反応や空気を見れば分かります。

場合によっては、眠っている人もいますが、眠ってしまうのは、たぶんに関心が無いと判断できます。

そういうところもよく見て対応すると良いと思います。

相手が時計を見始めるときや、そわそわし始めるときがありますが、そんなときは次の会議があるのかなとか、早く終わりにしたいのだなと分かります。

ミーティングを行う場合、私は通常1時間と決めています。相手が関心を持ったときには1時間半、2時間に及ぶときもありますが、これも相手の空気を読みながら説明することが大切です。

②空気を作る

私は中小・ベンチャー企業から販路開拓をよく依頼されます。

販路開拓で新規見込客にプレゼンテーションをする際に、私は空気を作るように努力します。

たいていの場合、プレゼンターは中小・ベンチャー企業の若い社長です。

これに対し、見込客は大企業の幹部、たまに社長が登場します。

そのような場合、若い社長は硬くなります。そしてその場の空気もぎこちなくなります。

そこで、その場の空気を和らげるのが私の役割です。その会社に関連することを話題に出しながら笑いをとるようにします。

また、三井物産の関係会社なら、私の三井物産時代の職歴とその会社や社長との関連性を見いだして、場の空気を柔らかくするよう努めます。

これをラ・ポール（心の架け橋）を架けるとかアイスブレイクといったりします。場の空気が柔らかくなることで、若いプレゼンターはプレゼンしやすくなります。

③空気を変える

会議中は絶えず空気が変わります。その会議を支配している人にその場の空気を支配されやすくなります。

販路開拓のプレゼンの最中に、プレゼンがうまくいかずにその場の空気が重くなったりすることがあります。また、空気が思わぬ方向へ行ってしまうとき、私は頃合いを見て話題を変え、空気を変えるように努めます。そして、クロージングの方向に持って行ったりします。これは高度のテクニックですが、これも中小・ベンチャー企業経営コンサルタントの私の役割のひとつといえます。

〔7〕失敗から学び、活かす

コミュニケーションで失敗したことのない人はいないと思います。

もし、堂々と「自分はない」と言いきる人は、よほどの自信家か自己中心的な人と思います。

失敗したら反省すればいいのです。

なぜ良くなかったかを反省することも大事です。反省して考えることによりコミュニケーション力がアップしていきます。

ですから、いろんな失敗を活かしていくことができるかどうか、そのことによってコミュニケーション力がアップしていくかに繋がっていきます。

一方で、自分の気づかないコミュニケーションの失敗もあります。

そのようなとき、もしそれを指摘してくれる周りの人がいたら、その人に感謝すべきです。その人の勇気に感謝したらいいと思います。

人は往々にして、「余計なことを言ったら相手に嫌われる」とか、人間関係に影響するとおもんぱかり、なかなか何も言わないものです。

71歳の私に言ってくれる人はなかなかいないものです。そこで私から「何か問題があったら遠慮なく言ってね」と常日頃周りの人に伝えます。そして、私の過ちを指摘してくれたら、素直に「ありがとう」と感謝の気持ちを伝えます。もしそのときに、私が腹を立てたら、その人は、二度と私の過ちや失敗を、指摘してくれなくなります。

《メルマガ『マーキュリー通信』より❶ ―一応……―》

新入社員の頃、私が「一応……」と上司に話しかけたら、『一応』という言葉は、自分に自信のないときに使う言葉だ。『一応』を多用する人間は、あまり信用されないぞ」と叱られました。

それ以来、私が「一応」という言葉を使う場合、不確かな事実の場合のみに使い、自信のある事柄や確定的事実に関しては「一応」という表現は一切使わないようにしています。

それにしても、周りで「一応」という言葉を何気なしに使っている人が実に多いです。

皆さんも、もし「一応」という言葉を多用していることに気づいたら、それを控えるだけで、言葉のメリハリがついてきます。

《メルマガ『マーキュリー通信』より❷　―相手を穏やかにする秘訣―》

相手に迷惑をかけたとき、相手の気持ちは穏やかではありません。場合によっては怒る人もいます。

その時、直ぐに謝ることが相手の気持ちを穏やかにする秘訣です。謝ることには1円もかかりません。

ところがこの謝ることができない人が往々にしています。

私のよく知っている人で、よくミスを起こす方がいます。しかし、そのミスに対し必ず言い訳をしようとします。言い訳をすると相手の怒りに繋がっていきます。そして、人間関係はだんだんと悪化していきます。職場でこれをいつもやっている人はだんだんと職場から浮いていきます。

一方で、人に親切にされたら「ありがとうございます」と一言お礼を言えば、相手も気分を良くします。

この「ありがとう」をさっと言えない人も結構います。こちらも1銭もかかりません。

「すみません」「ありがとう」これをいつも言う習慣をつけておくことで、職場の人間関係は好転していきます。

〔8〕いつもTPOを考えてコミュニケーションする

TPOは、“Time”“Place”“Occasion”、つまり、時と場所と状況です。これを考えることが重要です。例えば、異業種交流会の場合、どうしたらプレゼンテーションや、交流会が良い状態に、ベストの状態に持っていけるかを、私はいつも頭の中で考えて行動しています。

1番目の“Time”時です。

私が10年前にスタートさせたメルマガ読者向け異業種交流会「ビジネス情報交換会」は、当初19

時スタートで、終了は21時でした。しかし、その後の懇親会の終了が23時になってしまい、遠路の人は参加しづらい状況でした。そこで、開始時間を早め18時スタートにしました。18時は少しきついのですが、時間をコントロールできる経営者なら問題なし、ビジネスパーソンなら直帰して時間調整することで時間管理ができています。それが現在まで続いています。

2番目の〝Place〟場所です。

当時私は池袋に住んでいたので、池袋にしました。池袋だと神奈川県方面が大変なのですが、どこにしても距離的に遠くなるので池袋で続けています。

3番目の〝Occasion〟状況です。

この状況が分からない人が結構います。プレゼンテーションの最中に携帯電話の着信音をマナーモードにしない人が結構います。中にはプレゼンテーションの最中に電話に出て、周りの迷惑も考えずに平気で話す人もいます。

さて、ｗｉｔｈコロナの時代、6月の「ビジネス情報交換会」は、初めてＺｏｏｍによるオンラインセミナーにしました。プレゼンテーション終了後はオンライン飲み会もやりました。ふたつとも予想以上にうまくいきました。

ＴＰＯを念頭に置きながら運営してきたので、10年という長寿の異業種交流会となっています。

コミュニケーション力アップの手順

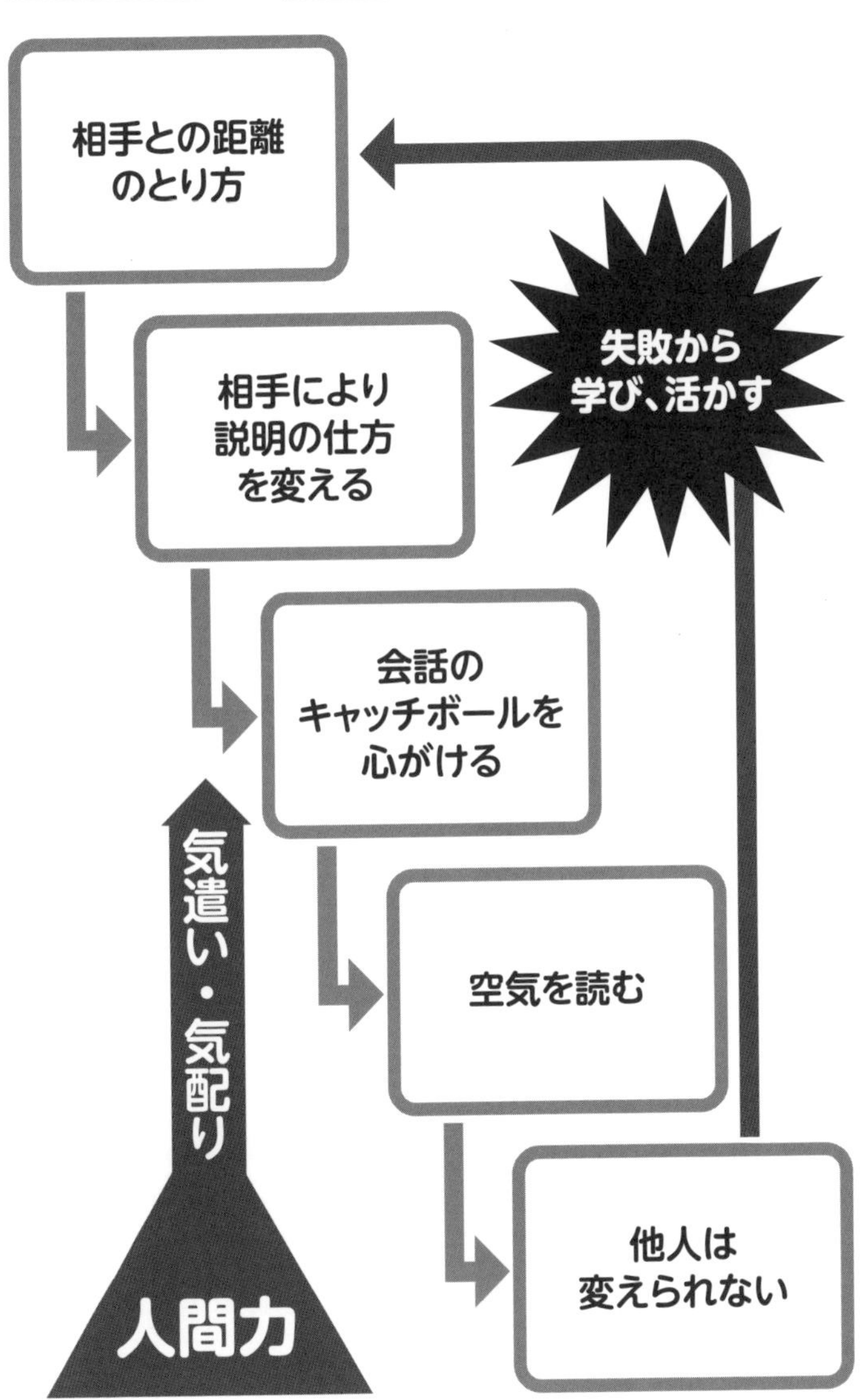

4 相手のニーズに耳を傾ける

〔1〕人に関心を持つ

ここでのテーマは、相手のニーズに耳を傾ける、です。これはコミュニケーションが苦手な方、あるいは自分はコミュニケーションがうまいと思っていて俺が俺がと言うかたちで自分が話してしまう方。これらの方は結構コミュニケーションがとれてないと言えます。

俺が俺がと言うかたちでしゃべるタイプの方は、話す前にいったんそこで立ち止まってください。そして相手のニーズに耳を傾けるということにフォーカスしていただきたい。そうすればコミュニケーションがとれてきます。

時々営業パーソンで、相手かまわず一方的に説明する方がいますが、相手が理解しないと意味がありません。

ここでこの章のテーマ、相手のニーズに耳を傾ける、これをきちっと理解してください。

《メルマガ『マーキュリー通信』より ―相手の思いの部分を読む―》

人の言っていることがころころと変わるように思えることがあります。

人の言っていることにだけ捉われると、それに振り回されることになります。

会社において、上司の場合、言っていることがしょっちゅう変わる。朝令暮改だと思うことがあるかもしれません。しかし、よくよく考えてみると、相手はＴＰＯに応じ、言い方を変えているのかもしれません。

そのようなとき、相手の思いの部分にフォーカスすると、相手の言葉の真の意図が理解できるようになります。

私が企業再生のために働いている社長とは最近すっかりとうち解けてきました。私のクセを見抜き、私が頭をかいていると、自信がないようだと思っているようです。

また、その社長は、私の目の前でよく鼻毛を抜きます。鼻の穴をかっぽじったりすることもよくあります。困るのは、その指で食べ物をつまみ、私にくれることです(=´Д´=)

そして、私の目の前で靴下を脱ぎ、足を投げ出し、ズボンをまくったりもします。

これらの行為は、人によっては随分失礼だと憤慨する人もいることでしょう。

しかし、私に対し、心を許しており、その結果出た行為と思えば、かえってその場の雰囲気が良くなります。また、私のことを時々いじめて楽しんだりもしています。これなど、私も笑いながら言葉を返すので、かえって場が和みます。

相手の思いの部分、根っこの部分を掴んでおくと、そこから発せられた言動も自然と理解できるようになり、コミュニケーションも円滑にいきます。

〔2〕テーマを絞る

まず、人に関心を持つということです。この人はどういう人なのか。

経歴、性別、職業も皆それぞれ違うわけですが、その人がどんな人なのかをイメージして理解してくると、自ずとどんな説明、プレゼンテーション、コミュニケーションをとればいいのかが分かってくるわけです。そうなれば、その人に合ったテーマを絞ってアプローチすることが分かってくるようになるわけです。

〔3〕理解してから理解される

「理解してから理解される」は世界的なベストセラー書、『7つの習慣』の中の重要な習慣のひとつです。

『7つの習慣』は、本書の第1章3節「スマイル・コミュニケーション」でも取り上げたのでそちらを参照してください。

ここで私が取り上げたいのは、その中の、「理解してから理解される」というキーワードです。まず相手のことを理解しましょう。相手の言うことに耳を傾けながら自分のことも理解してもらいましょう。相手も自分のことを知りたいと思っているでしょうから、まず相手に話してもらい、それから自分の話を相手に理解してもらうということです。

《メルマガ『マーキュリー通信』より ―独りよがりのコミュニケーション―》

三井物産の情報通信事業部の上司であったH室長は、東大卒で頭脳明晰な方でした。H室長は、常日頃、「いかに言いたいことを的確に短時間で相手に伝えるか」を重要視し、それを自慢していました。また、せっかちな性格で、何か部下から聞きたくなると、部下を呼びつけ、自分の言いたいことを立て板に水の如くよどみなく話し始めます。突然呼ばれた部下は、心の準備ができておらず、おまけにH室長が早口でまくし立てるので緊張して理解できません。そこで、不明な点を聞き返すと、「今、言ったばかしじゃないか」と怒られます。

ある時、H室長のところに新入社員のA子さんが配属されてきました。H室長は、A子さんに稟議書の持ち回りを指示しました。管理部門に稟議書を持参し、説明をして、照査印をもらってくる仕事です。しかし、新人のA子さんに稟議書の内容など理解できるはずがありません。A子さんは管理部門から質問を受けても答えられずに帰ってきました。泣きべそをかくA子さんを見て、H室長は謝りました。「ごめん、ごめん、A子さんは稟議書のセットの仕方は研修で習ったようだけれど、まだ稟議書の内容を説明していなかった」と謝っているH室長を見て、周りの室員は唖然としました。新入社員の女性にいくら稟議書の内容を説明しても理解できるはずがありません。

H室長が、その後脳梗塞で倒れ、饒舌な舌が回らず、話す方で苦労をしたのは皮肉なモノです。

「理解してから理解される」は奥が深いです。かくいう私も未だに満足のいくところまで実践がついていっていません。

商社マン育ちの私は、「一を聞いて十を知る」という教育を受けてきました。相手が一言言えば次に何を言うかがたいがい分かります。日頃忙しい私は、相手の言うことを最後まで聴かずに判断しがちです。相手からすると全部聴いてくれないというフラストレーションが生じてきます。相手を理解したつもりでも、相手からすると、全部聴いてくれないと全部理解してもらったという納得感となりません。この辺が私にとっての修行課題と捉えています。

なお、「理解してから理解される」の奥義を究めていけば、仕事面でも当然成果が現れてきます。

４　相手中心のコミュニケーションにすると疲れない

そして次に出てくるのは、相手中心のコミュニケーションです。相手中心のコミュニケーションを行えば疲れません。

つまり、相手中心のコミュニケーションを行えば、相手がより理解してくれるのです。その理解とは、例えば、今日、10の話をしたとして、自分中心のコミュニケーションをすると、多分、10の内の1しか理解されません。

ところが相手中心のコミュニケーションをすれば、10の内5以上、半分を超えて理解してもらえるようになります。さらに6、7、8、9と、どんどん増えていきます。

ですから相手中心のコミュニケーションをすることがとても重要ですし、説明が終わった後で、相手が理解してくれると、会話のキャッチボールができているので、精神的に疲れません。むしろ満足します。充実感が得られます。ここが大事なところです。

《メルマガ『マーキュリー通信』より
―相手の性格と行動パターンを読んで対応するとミスが起こりません―》

人間には得手不得手があります。コミュニケーションツールの活用の仕方にも、得手不得手があります。

コミュニケーションツールのひとつとして一番使われているメールでもそうです。

名刺にeメールアドレスが刷ってあるからといって、必ずしもその人がメールをするとは限りません。メールを送っても、返事が来ない人は結構います。最近は迷惑メールが多くなり、迷惑メールと勘違いして削除してしまうことも結構あるようです。

メールをあまり見ない取引先の社長の場合、メールを送るとき、開封確認付で送ります。また、重要メールに関しては、重要度を付けて送ります。こうすると相手が見たかどうかが分かります。

しかし、それでも同社長の場合、メールをあまり見ようとしません。

したがって、会社に電話を入れて、用件を伝えます。また、言った言わないがあるといけないので、私のメールを見るように促します。すると後でメール開封確認メールが届きます。

同社長の場合、事務所にいることが多いので、事務所に電話します。携帯はあまり使っていないようなので、携帯に電話をしても直ぐには出ません。コールバックの留守録を入れても、返事が来ることはまずありません。

一方、注文の場合には、同社長はファックスを好むので、ファックスを使います。ファックスに必ず、納期確認のファックスを送るよう記載しています。すると納期確認のファックスが返ってきます。このようなやり方で同社長とのコミュニケーションを円滑に行っています。

相手のだめなところに不平不満を持っても改善されません。また、精神衛生上もよろしくありません。相手の性格や能力に合わせて対応したほうが気分的に楽です。

〔5〕相手の話を「聴く」ように努力するとコミュニケーションがスムーズにいく

当然、相手中心であるということは、相手の話を「聴く」ことが大事になります。この場合「キク」は耳偏の聴くなのです。つまり、相手の言っていることに耳を傾けるということです。この人は何を思っているかと努力をして聴くと、コミュニケーションがスムーズになります。

〔6〕相手の思いの部分を読む

これを常に行ってゆくと、相手が何を思っているか、その部分を読むことができるようになります。その思いの部分を読んでいきますと今度は、相手の性格、能力、これを見て対応することができるようになります。

〔7〕相手の性格、能力を見て対応する

①相手により説明の仕方を変える

例えば一番身近な例で言えば、何も知らない子供にひとつのことを説明しようとするときにあなたならどうしますか?

子供に理解できるよう、できるだけ分かりやすい言葉で、できるだけかみ砕いて説明しますよね。それと同じことです。相手が誰なのかによって説明の仕方が変わってくるわけです。

例えば、技術系の方が、営業パーソンや得意先の幹部の方（技術系の幹部ではない）に説明するときは、分かりやすくかみ砕いて説明することが必要です。

ただし、あまりかみ砕き過ぎて相手が馬鹿にされたような気持ちになってしまってはいけないので、そこは相手の状況を事前に調べる等判断する必要があります。

要は相手によってどう説明するか絶えず考えることが必要です。

②相手の役職等により対応方法を変える

仕事の場合だったら、相手の役職によって理解していただきたい要素が違ってくるわけです。例えば担当者だったら、自分たちの商品を全て理解して欲しいわけです。細かい具体的なところまで。

また、決裁権者、例えば部長とか役員クラスの方の場合ですが、その人が決定できるような大事なポイントを理解してもらうように努めるわけです。これがひとつの重要なところです。

〔8〕相手の心を開かせる「きちんと向き合う」

普段仕事で接している関係でもお互いの考え方の相違、温度差等で微妙なすれ違いが出てくることがよくあります。

そんなときには、個別で向き合うことが大切です。1対1で向き合うと本音が出てきます。

その本音を聴き出し、ボタンのかけ違い等を調整していきます。

相手はだんだんと心を開くようになってきます。相手の心が開いてくると、本音を話し始めます。これが重要です。こうなると、仕事がはかどります。あなたが営業なら、相手が手の内を見せたり、思っていることを言ってくれるようになります。これが重要です。

『7つの習慣』の第5の習慣に「理解してから理解される」があります。

こちらの考えを切り出すのではなく、まずは相手の気持ちを聴き出すことがポイントです。

この順序を間違えると、特に上下関係にある場合、本音が出てこなくて、せっかくの個別面談も無駄に終わってしまいます。

〔9〕本音と建て前

物事には本音と建て前がありますが、心を開いてくると本音の部分で話してくれるようになります。また、本音が出やすい状況というものがあることも知っておくべきです。

例えば、大人数の会議の席、特に上位者がいる場合などは、普段はなかなか本音をしゃべらないことが多いです。

また、その会議のメインスピーカーという人、ほとんど中心となって話す人がいる場合、この人がしゃべっていることは、別の切り口で聴いてみると、結構違うことを言っていることもあります。

私の場合には、より深い話、本音ベースの話を聴きたいときには、1対1で話をします。1対1といっても、決裁権者と話す場合と、担当者と話す場合では内容が違ってきます。例えば、担当者レベルの人と話すときには、より細かい話をして内容を詰めていきます。担当者の方は自分の上司の前ではなかなか本音を話せないことがあります。だからこんなことを聴きたいと思っても聴けないことも往々にしてあるわけです。

さらに、具体的なところをこの人は本当に理解しているのか、細かく詰めるということ、これが担当者レベルと本音で話していくことです。

これはビジネスにとって大事なことです。なぜなら実際にゴーサインが出たときに、具体的に仕事を進めていくのは担当者なのですから。担当者がしっかり理解していないと、上が指示を出しても空回りをすることがあります。

それから決裁権者のときは、その人が実際にビジネスにゴーサインを出したいと思っているかどうかを聴くことです。

もし、まだゴーが出る状況でないのであれば、何がネックであるのか、何が問題になっているのか、その人の本音ベースで聴くことです。飲みにケーションでお酒の力を借りなくても、1対1なら本音の話を聴けることもあるわけです。

私の場合は、最初は大人数でプレゼンテーションやミーティングを行った場合でも、その後に、少人数、もしくは、1対1で相手の本音の部分を聴くようにしています。

〔10〕相手によって話し方のスタイルを変える

私は、相手によって話し方のスタイルを変えています。

言葉少ない人に対しては、私が話す時間を多くとり、同意をとりながら会話を進めていきます。

一方、多弁の人に対しては、相手の話を聞き流しながら対応しています。よく多弁の人は自分の主張を相手が同意したモノと理解している人がいますが、それは同意でなく、受け止めただけということのほうが多いです。そこを勘違いするとコミュニケーショントラブルの原因となります。

また、承認は、相手の存在、考え方、身だしなみ等を認めるやり方です。承認は相手との人間関係を良くするための精神的態度です。

承認を中心としたコミュニケーションをとっていくとコミュニケーションは円滑に回り出します。

相手のニーズに耳を傾ける

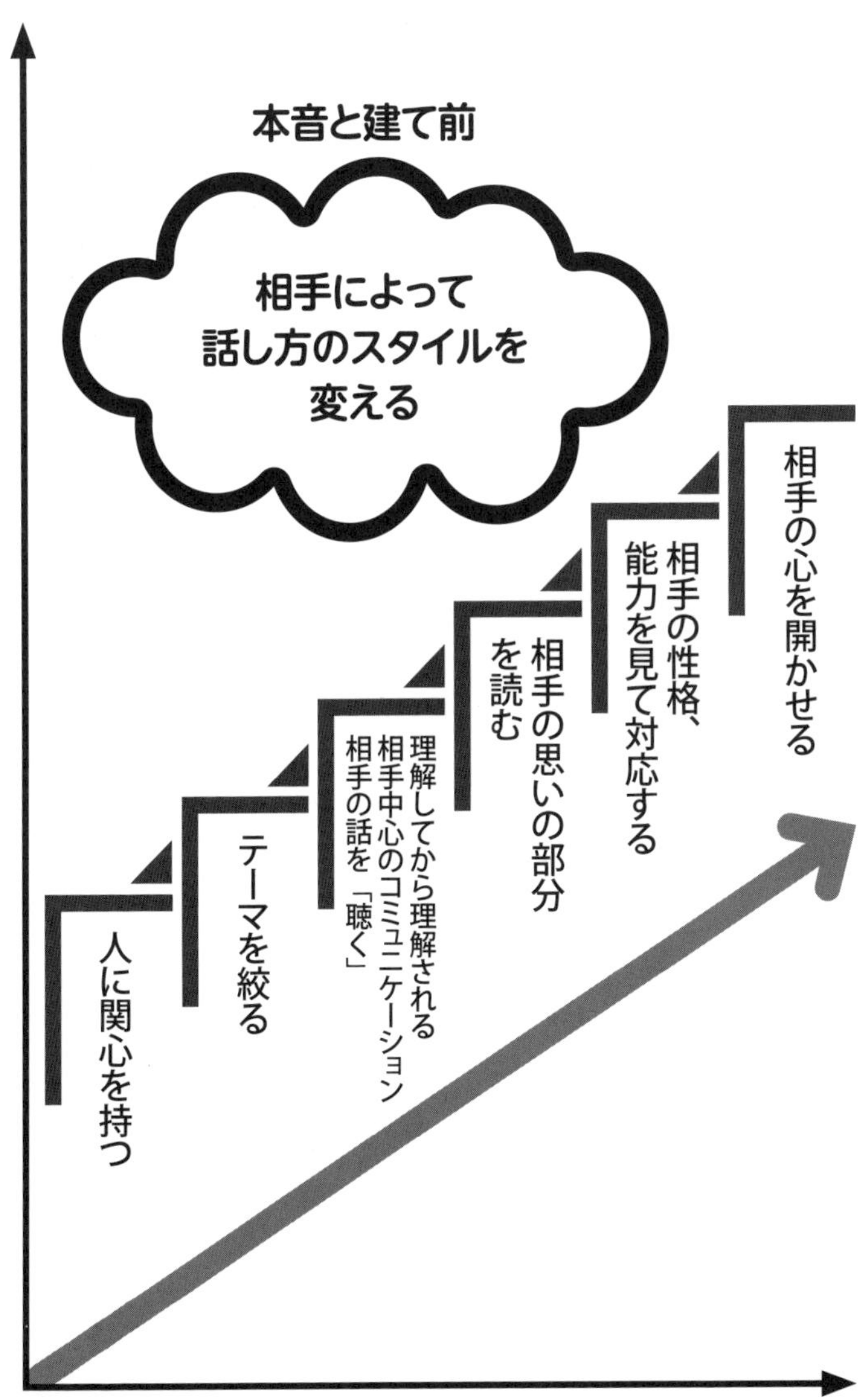

5 信頼関係を構築する

〔1〕信頼関係を構築する

私は前作『あなたの人脈力10倍アップの極意』の第3章で「信頼関係の構築」を詳細に書きました。信頼関係の構築で最も重要なひとつにコミュニケーション力があります。

本書では、コミュニケーション力を基に信頼関係構築の重要性を、実例を挙げて述べてみたいと思います。

《メルマガ『マーキュリー通信』より　―信頼関係は仕事を通じて築いていく―》

信頼関係は仕事を通じて築いていく。その基本はコミュニケーションであることを忘れている人が時々います。

私のところには各種商材の販路開拓の引き合いが頻繁に紹介されてきます。その際、一番大切にしているのが信頼関係です。

信頼とは、新たに商材を持ち込んだ取引先が信頼に足りるかどうかです。信頼関係ができていないまま見込客を紹介して、後々トラブルが起こったら私の責任問題となります。

現在、有望案件が持ち込まれています。この商材自体は環境に貢献し、私としては取り組みたいビジネスと思っています。しかし、その紹介者であるA氏が毎回ミーティングに遅刻したり、メールを送っても返事がない、携帯の連絡がとれない等コミュニケーションにかなり問題があります。

このコミュニケーションの悪さは、私だけでなく、他の人からも悪評判のようです。

A氏自身一所懸命やっているのは理解できます。しかし、実際に仕事を始めてから、コミュニケーションの悪さから問題を起こすことが心配されます。

昨年、同じようにコミュニケーションが極めて悪いS社長がいました。S社長は、コミュニケーションの悪さから頻繁に問題を引き起こしていました。

私はたまりかねて契約解除を通告しました。

コミュニケーションの悪さは、相手だけでなく、その人が関係している取引先等にも悪影響を及ぼすことになります。

コミュニケーションは信頼関係を構築する最重要要素といえます。

〔2〕信頼関係の有無によりコミュニケーションのスピードは大きく影響する

①信頼関係がベース

コミュニケーションをとる上で、信頼関係がベースにあるということが大事です。信頼関係を構築することでコミュニケーションがよりスムーズになります。

ここで最初に、信頼関係の有無によりコミュニケーションのスピードは大きく影響するということをお伝えします。

例えば仕事で考えてください。上司が部下に仕事を頼むとき、彼または彼女に任せれば安心というケースでは、説明もそれ程いりません。ツーカーでいってしまうわけです。それからスピードも速いので、大体状況が読めます。

一方で新しく入社した社員には最初から状況を説明しないと期待通りの成果が返ってきません。特に新卒の新入社員の場合には、一から教育しなければならないので信頼関係の構築まで時間がかかります。

もし、上司から「任せた仕事はどうなったか?」と督促されるようではだめです。それからミスが多い。これも、上司がチェックをしなければいけなくなるので、信頼関係がなくなります。なお、上司への締め切り期限が長い場合、経過報告しておくことも大切です。予定通り行っているのか、それとも遅れ気味なのか進捗状況をまめに報せておきます。

要は、仕事をスピーディーに、正確にやり遂げることにより信頼関係がどんどん構築されるということです。

②報連相

報連相とは、報告、連絡、相談のことです。

私は三井物産在籍中には、取引先や客先訪問の場合、口頭または紙ベースで報告していました。現在でも毎月月報として仕事の進捗状況を自分宛てに報告しています。これで仕事が整理され、当月を振り返り反省し、翌月に繋げるようにしています。

連絡も重要です。例えば、取引先と待ち合わせの場合、電車の事故等で遅れる場合、○分遅れる旨、携帯メール、LINE、または携帯電話で伝えます。

相談は、仕事で分からないときには上司に相談して、問題点をクリアにしておきます。

③信頼関係の構築は社外でも同様

取引先でお客様に、彼または彼女に頼めば、直ぐやってくれると思われていることは、とても大事なことです。信頼関係があることにより、説明を要しない、時間が短縮できるという利点があります。ツーと言えばカーと言うくらいになれば信頼関係があるということになってきたということです。

〔3〕信頼関係は短期間でも一気に構築できる

信頼関係というものは、時間をかけてじっくり構築していくものなのですが、短期間でも一気に構築できる場合もあります。

新しいお客様ができたとき、最初に信頼関係はありません。

しかし、その仕事で、精一杯、お客様が期待している内容で、期限までにしっかり仕上げて、きめ細かい対応をしていけば、短期間でも一気に信頼関係を構築できるわけです。

そのときにコミュニケーションが大事になります。

電話・携帯・メール等、その時々にふさわしい連絡手段はあるでしょうが、その状況に沿った手段で、「いついつまでにできます」というような連絡をきちんと行うことです。

時間がかかるものだったら、「1週間でできます」「1ヶ月でできます」と、時間を決めて、実際にその通りに行うことが大事です。

また、そういうものは中間報告を行うことも必要です。

「来週のいつまでに仕上げると言いましたが、今順調に進んでいますので、ご安心ください」等と連絡を入れておきます。これはメールで結構です。電話だとつかまらない場合があり、単に報告だけで済むものならメールで良いでしょう。

1ヶ月というような長期の場合はなおさらです。

「1ヶ月後にご注文をいただいた商品ですが、順調に進んでいますので、納期通り納めることができます」というような連絡をします。

商品とかサービスとかによって異なる場合もありますが、これも基本はメールで結構です。

これをしておけば、お客様も、順調なんだなと、安心できます。

それが、この間、何も連絡をしないとお客様が不安になります。しかも、納期を過ぎてできませんでしたと、間際になって、すみません、3日程遅れます、とか、1週間程遅れます等と言われても、お客様は困ります。これは信頼関係を損なうので、気をつけなければなりません。

〔4〕気遣いができる人とできない人の違い

気遣いしているときは、相手中心となっています。そこには相手をおもんぱかったり、傷つけてはいけないという配慮が働きます。ただこれも度が過ぎると嫌みに思われたりするので注意が必要です。特に相手が上司だったり顧客のように利害関係者の場合、ごますりになったりします。

一方、自己中心的な性格の人はなかなか気遣いができません。その結果、知らないうちに相手を傷つけたりしてしまいます。そしてその人との心の溝、心理的ギャップが生じてきます。

また、自己中心的な性格の人は、必要以上に周りの人に気を遣わせたりします。少しでも自分の気に入らないことがあると、それを態度に表したりします。時には怒ったりします。こうなると相手は腫れ物に触るような接し方をするようになります。そして、その人との心理的溝が深まっていきます。

気遣いの大切さを説明しましたが、以前こんなことがありました。

私が新しい仕事の件で、重要な書類をその事務所に忘れてきたときのことです。

その社長から電話があり、「書類を忘れていかれたのでお送りいたします」と言われました。そして翌日、ゆうパックで書類が届いたのです。おそらく直ぐに送ってくれたのでしょう。しかも通常の郵送でなく、料金の高いゆうパックで送ってくれました。

こういう気遣いは良いものです。これで私は相手に余計な出費をさせてしまったのですが、この彼の気遣いに私は感謝して、同社長との信頼関係が深まりました。

一方、三井物産在籍中の頃、上司の部長が現場の実態をよく把握もせずに、女子社員のミスを叱りました。その女子社員は、同部長に理解されずに叱られたので落ち込んでいました。

同部長は、自分のミスに気づいて、その女子社員を呼び、謝りました。そして、仕事を終えたら飲みに行こうと誘いました。

同部長としては気を遣ったわけですが、相手が女子社員であることに気づきません。男性社員ならいざ知らず、同部長を嫌っている女子社員からすれば親子ほど歳の違う部長と飲みたいと思いません。ここも相手の立場に立ってみれば直ぐに気づくはずですが、自分中心の考え方の部長だったので、気遣いが裏目に出てしまいました。

《メルマガ『マーキュリー通信』より ―気遣いにも臨機応変が必要―》

『Ｂｏｂ Ｓｕｇａｙａのあなたの英語力10倍アップの極意』を著者在庫分から読者サービスの一環として出す際に、著者のサイン入り、そして消費税の１００円をカットして１０００円で郵送しています。送料は著者負担にしています。現金を送る際、本来は書留で送るのが法律遵守の観点から正しいです。

しかし、書留の場合、わざわざ郵便局に行って手続きをする面倒さと書留料金が５１９円もかかります。そこで僅か１０００円なので１０００円札または切手１０００円分を郵送するようにお伝えしています。郵送費84円で済むようにとの私なりの気遣いです。しかし、中には律儀な人がいて、書留で送ってくる読者がいます。書留で送る場合、受け取る側の私がインターホンから書留郵便を告げられ、さらに、ドアホンをピンポンされるので、直接受け取る煩わしさがあります。受取の印鑑も必要です。普通郵便ならそのままポストに投函されています。また、不在なら再送をお願いしなければならず、手間がかかります。書留で送る気遣いに感謝はしますが、この辺臨機応変に対応することも必要と思っています。

書留を送ってきた人はふたりいました。ひとりは1000円札がそのまま入っていただけでした。もうひとりは、直筆で丁寧なあいさつ文が入っていました。こういう気遣いはうれしいものです。

〔5〕3KS（感謝、謙虚、寛大、素直）

それから、信頼関係を構築する基本は私が常々言っております、3KS（3つのKとSと書いてサンクス）が重要なキーワードとなります。

3KSは私の造語で、私の行動哲学「活私豊幸」＝「自分を活かしながら人生の途上で出会った人々を豊かに幸福にできる人間でありたい」のベースとなる想いの部分です。今後も3KSは頻繁に登場しますので、覚えていただければ幸いです。

社内であろうが社外であろうが、自分ひとりでは仕事はできません。ですから周りの人に絶えず感謝するという気持ちが大事です。また、感謝する気持ちがあると謙虚な気持ちが湧いてきます。

前のテーマで、上から目線と言いましたが、上から目線というのは謙虚さの逆です。だからお互いの関係がうまくいきません。しかし、謙虚な気持ちを絶えず持っていると、その人の仕事をしていて常に楽しいとか気持ち良いというようになってきます。

次に、謙虚な気持ちを持っていると、寛大な気持ちが出てきます。

例えば相手がミスしたり、納期が間に合わないという連絡が入ったりしたときなどに、対応が寛大になってきます。感謝、謙虚、寛大、この3つのKが重要です。

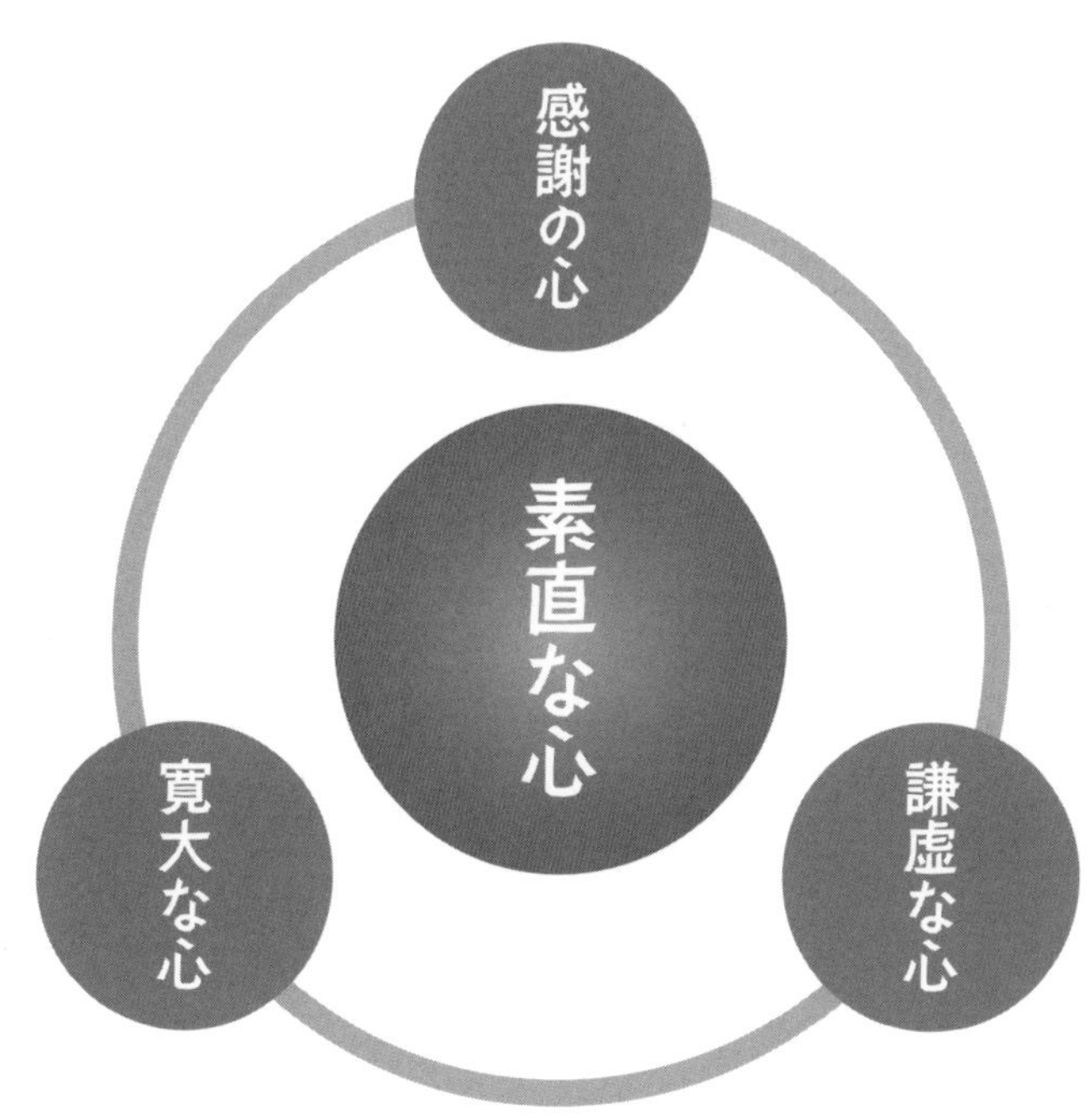

最後に素直。これもとても大事なことです。素直な気持ちをいつまで持つか。

人は年をとればとるほど経験と知識が豊富になり素直さがだんだん欠如してくるものです。

そこでその人の能力の限界が見えてきます。

しかし、世の中はどんどん進歩していますから、自分が知らないことがたくさんあります。

ですから、素直になっていろいろな情報を集めたり、人の話に耳を傾けたりすると、相手との人間関係も良くなるわけです。


そこで信頼関係が構築されてきます。

《メルマガ『マーキュリー通信』より❶ ― 謙虚さは人間関係好転の潤滑油です ―》

人間関係がうまくいかないとき、自分にも問題があることが多いです。そのような場合、果たして自分が相手に対し、上から目線で相手を見ていないか、相手を見下していないかをチェックすることも大事です。また、相手を裁いていないかどうかもチェックポイントとなります。

自分自身が「謙虚」であるかどうか、「謙虚さ」を心がけることで、人間関係は好転していきます。

《メルマガ『マーキュリー通信』より❷　──3KS（サンクス）の効用──》

私は、普段3KS（サンクス）というキーワードを大切にしています。

常日頃、感謝の気持ちを忘れず、成功してもおごらず謙虚な気持ちを持ち、人のミスには寛大な心で接する。そして、いつも素直な気持ちで受け止めるという意味です。これを実践すると、いつも心が波立たずに、平穏な気持ちでいることができます。平静心を保つことができます。

ある日、セミナー受講のお誘いを受けて会場に行ったところ、セミナーのチラシの時間帯が2時間間違っていることが分かりました。先方の担当者は平謝りでした。その時間帯にやるセミナーは別のセミナーだったので、そちらを勧められました。ここで、彼女の非を責めても仕方がないので、彼女の申し出を受けました。しかし、セミナーの講師は、ベテラン講師がやるはずだったのが、まだ2回目の駆け出しの方でした。私は、折角貴重な時間を使って参加するのだから、その若い講師の話を聴くことに集中しました。その講師は私と親子ほどの年齢差がありましたが、彼の講義を謙虚に受け止め、素直に聴くことに集中しました。

彼の講義は2回目とは思えないほど上手で1時間半のセミナー時間があっという間に終わりました。そして、私自身大きな学びと収穫を得て帰ることができました。講義が終了したときには、彼に対し感謝の気持ちが湧いてきました。

3KSのお陰で、セミナー受講に際し、平静な心で接することができました。もし、ここで相手を責め、不機嫌になっていたら、その1時間半は空費することになり、1日が終わったときに怒りとむなしさが残っていたことでしょう。

人間は、同じ事象でも、心の持ち方で収穫を得られたり、そうでなかったりするのだなと感じた1時間半でした。

〔6〕信頼残高は貯めるのに時間がかかるが、引き出してゼロにするのは簡単

①信頼残高をゼロにするのは簡単

せっかく築いてきた信頼関係なのですが、信頼関係が高くなればなるほど、預金でいえば、見えない信頼残高というものが貯まってきます。

信頼残高というものは、貯めるのには時間がかかり

ますが、「引き出す」と一気に無くなりゼロになってしまいます。どういうことかといいますと、「引き出す」ということは信頼関係に傷をつけるということです。残高ゼロにすることは簡単です。

②相手に迷惑をかけたと思ったら直ぐに謝る

それから、相手に迷惑をかけたと思ったら直ぐに謝ることが大切です。

そのまま放置しておくと信頼残高を落とすことになります。預金でいえば、引出になります。迷惑のかけ方も、一気に引き出すようなすごい迷惑をかけた場合と、そうでもない迷惑とあります。

以前私の友人がしっかりと内容をチェックせずに、私にひどいビジネスを紹介してきたことがあります。

私と彼とは信頼関係にあったので、そのビジネスの販路開拓を早速進めました。

しかし、その販路開拓を進めていくうちに、その商品には多くの欠陥、不備があることが分かりました。

そのことを彼に伝えました。彼は当然謝るかと思ったのですが、全く謝らないのです。素直に、申し訳ないと謝ればそれで一件落着していたことです。

ところが本人は一向に自分が悪いと認めません。私が迷惑を被り、困っているわけです。私が怒っているにもかかわらず、詭弁を弄して自分は迷惑をかけていないと主張し始めました。

私はその人との信頼関係は、貯金でいえば定期預金が満期の状態だったのですが、この一件で、一気に引き出してしまった、つまり信頼関係がゼロになってしまいました。逆にマイナスにまでなってしまいました。

こういうときに、相手に迷惑をかけたらすぐに謝るということをしておけば、引出をちょっとしただけで、信頼関係は十分維持できたわけです。

③セミナーのドタキャンの際の対応で分かる人間性

私も異業種交流会や、様々なセミナー等の主催を多数行っています。

セミナーの主催を行っていて、どうしてもドタキャンというものが尽きません。そのドタキャンするときの対応でその人の人間性が分かります。

例えば、案内に「当日キャンセルされた場合、ペナルティ費用をいただきます」と書いてあります。それを忠実に守って、メールとか電話で連絡をくれる人と、してこない人がいます。

一番良い対応としては、「キャンセルフィーも払いますのでご指示ください」と連絡してきます。そうかと思うと、当日連絡すらせずにキャンセルする人もいます。こういうときに私のほうから、「当日のキャンセルになりますので、キャンセルフィーのお支払いをお願いいたします」というメールを出しますが、全くなしのつぶての人もいます。こういう人は、たいした金額ではないキャンセルフィーは節約できたかもしれませんが、もっと大事な私との信頼関係を失うことになります。この人は平気でキャンセルする人だな、この人はドタキャンの連絡すらしてこない人なんだな、というイメージを与え信頼関係が無くなります。こういう人と仕事をすることになった場合は気をつけながら行うことになります。そう思われてしまうということです。

《メルマガ『マーキュリー通信』から❶ ―時間管理がルーズな会社は信用を失う―》

A社のB氏を訪問した際、応接室に通され、約束の時間を15分過ぎてもB氏は現れません。そこで受付の女性に聞くと、「まもなく到着です」と事務的な返事でした。

しかし、30分過ぎても本人は現れません。さらに、45分過ぎても一向に本人は現れません。再度、受付の女性に聞くと、同じく「まもなく到着です」と事務的な返事でした。再び、受付の女性に聞いてみると、携帯でやりとりして、「今、人形町あたりなので、もうまもなく到着の予定です」との返事でした。

私は、「次の約束があるので、本日は失礼します」と言って、その場を立ち去りました。一番悪いのはB氏です。遅れそうなら当然会社に電話をして、その旨伝えるべきです。しかし、ちょっと気の利く女性なら、15分遅延の時点で、B氏と連絡をとり、帰社時間を聞くべきです。最後は私に謝りましたが、携帯電話を私に繋ぎ、B氏と直接話すようにすることも大切です。

A社は、コンサルティング会社ですが、相手に対する気配りが会社全体で欠けているようでは、安心してコンサルティングを任せることはできません。

結局B氏からは、謝罪の電話もメールも一切来ませんでした。

極端な事例でしたが、ちょっとしたコミュニケーションミス、相手に対する気遣い、気配りが欠けていたために、取引先の信頼を失うこともあり得ます。その際、取引先は、その理由を言わないことも多いです。

《メルマガ「マーキュリー通信」より❷ ―酒癖が悪いのも程度もの―》

酒の席になると普段本音を言えない人でも、酒の力を借りて本音を言う人が時々います。それが愚痴になったりします。たいていは酒の席ということで大目に見ます。

先日A氏と酒を飲んだときのことです。

A氏は同席したS社長にさんざん日頃の欲求不満をぶつけたあげく、「Sよ!」とS社長の名前を呼び捨てにして、「俺のタバコを買ってこい」と怒鳴りながら指示しました。

A氏は、S社長とは初対面で、S社長の方が年上です。しかも、S社長はお客様でもあります。

その場はいっぺんに白け、S社長のA氏に対する印象は当然悪くなり、それ以来コミュニケーションは途絶えています。

A氏と酒を飲むのは初めてでしたが、もちろん二度と飲みたいと思いません。

〔7〕立つ鳥跡を濁さず

よく、「立つ鳥跡を濁さず」と言います。

例えば、退職するときや、サラリーマンなら人事異動があります。

こういうときに、ちゃんと後任の方のことも考えながらしっかりと、丁寧に引き継ぎを行うこと、これが立つ鳥跡を濁さずということです。

その人が辞めた後とか、異動した後、後任者がいかに仕事をしやすいかということを考えて、きちんとファイリングを行っておく(紙のファイルだけでなく、PCのファイルも)。これが前任者に対する評価にもなるわけです。

人生というものは、退職してからも、また、異動してからも、回り回ってどこかでそこの職場の人、仕事関係であった人に出会うこともあります。そのときに、昔非常に良い人間関係だった場合と、終わった後に嫌な思いを持っていた場合とでは、当然、違ってきます。

非常に良い関係だった人とは、再会したときに、懐かしさとともに笑顔で握手するようなことも多いと思います。ところが、そうではない、立つ鳥の跡を思い切り濁して、喧嘩別れしたようなケースもあります。こういう人とは久しぶりに会ったからといってあまり仕事をしたいとは思いません。こういう場合は人脈になりません。

私の著作『あなたの人脈力10倍アップの極意』（令和2年4月出版）でも書きましたが、こういうケースはマイナスの人脈になってしまいます。過去の仕事ぶりを見ていますから、「立つ鳥跡を濁さず」ということは、大変重要だということです。

〔8〕ウソをついて良い場合と悪い場合

①良いウソと悪いウソ

それから、今度は、ウソをついて良い場合と悪い場合というものがあります。

ウソをついて良い場合というのは、よくいう白いウソというものです。

私もウソをつくことがありますが、私がウソをつく場合は、基本的に、相手を傷つけない場合です。

例えば、久しぶりに会った人に「全然お変わりありませんね」と言います。多少変わっても、お変わりないという言葉を言います。

これがあまりにも姿形が変わってしまった場合には、昔とお変わりありませんね、と言ったらウソになります。逆に相手も、過ぎたお世辞を言ってるな、と感じますから気分を悪くします。これは悪いウソになります。

あと、悪いウソは、〝仕事のミスを隠す〟〝言わない〟〝言っても事実をねじ曲げて言う〟〝隠蔽〟〝正しく報告しない〟等が挙げられます。だから、悪いウソは言ってはいけません。

良いウソは、相手を傷つけないウソです。ここはしっかり押さえておかないと、信頼関係を一気に悪くするということがあります。

②フェイクニュース……

最近はウソのニュースをフェイクニュースという言い方がすっかり定着しました。

他人からの情報をそのままチェックしないで流した場合、フェイクニュースも多いです。特にインターネット上の情報はフェイクニュースが多いので気をつけるといいです。きちんとチェックせずにフェイクニュースを流した場合、あなたの信用を落とすことになります。

〔9〕倒産したときにその経営者の力量、性格が分かる

倒産したときに、その経営者の力量と性格が分かります。最悪のケースは、何も言ってこない経営者です。例えば、私が出資している企業も結構ありますが、何の連絡も無く、その企業の倒産情報が伝わってくるわけです。倒産はしていなくても事実上経営破綻して夜逃げしてしまったという人もいます。

この人たちは、苦しいのは分かりますが逃げてはいけません。出資するということは信頼関係があったわけです。ところが、最後に自分が倒産状態になったからといって逃げてしまっては、次に新しいビジネスをやりますとなったときに、たぶん誰も乗ってきません。信頼関係の残高をゼロにしてしまった人が、その次に新しい信頼関係を構築するのは極めて困難です。

逆にこういう方もいます。会社がどん底までいっても最後まで逃げないで、会社の立て直しに頑張った人もいます。それから、私からお金を借りて踏み倒してしまう人もいますが、きちっと最後まで返してくれる人も何人かいます。

その人が厳しい状態にあり、返済することが大変だということも理解しています。そういう厳しいなかで、逃げないで、借りたお金を返す、返し終わった。それだけでも、その人に対する評価は大変高くなります。その人に対しての信頼関係もしっかり構築できるわけですね。これが次の仕事に繋がっていきます。

そのとき、苦し紛れに逃げてしまった。確かに苦しい気持ちは分かります。しかし、逃げたということはそれで、その人の信頼残高をゼロにしてしまったわけなので、長い人生の中で決して、それはやってはいけないことなのです。

〔10〕たった一言が人の心を……

①たった一言が人を傷つける、たった一言が人の心を暖める

私の机の横には、詩人サトウハチローが筆で書いた「たった一言が人を傷つける　たった一言が人の心を暖める」を飾り座右の銘にしています。

私自身は鈍感なタイプなので、他人の言葉で傷つくことはあまりありません。たとえ、傷ついても直ぐに忘れるタイプです。

逆に敏感なタイプの人もいます。私自身全く気にしなくても、私の言った言葉が人を傷つけることもあります。それが行き過ぎると「デリカシーに欠ける」と思われることもあります。

一方で人の心を「暖める」言葉、勇気づける言葉は多用するようにしています。しかし、これもあまり乱発するとかえって逆効果になることもあります。

夜、入浴するときに、一日を振り返り、自分が発した言葉が、他人を傷つけたりしなかった

かを振り返ります。もし、相手を傷つけるような言葉を発していることに気づいたら、その場で、または、翌日相手に謝ったりしています。

一方、勇気を与える言葉、温かい言葉をどれだけかけたかも振り返ってみます。そのときのチェックポイントは相手の表情です。相手の笑顔がイメージできたら人の心を「暖めた」のだと判断しています。

②良き言葉を発する

人とのコミュニケーションで、その人の評価の大部分はその人の発する言葉です。普段何気なく発している自分の言葉を時々点検してみることも大切です。

否定的な言葉を多用している人は、他人からマイナス思考の人間と捉えられます。逆に積極的な言葉を多用している人は、他人からプラス思考の人間と捉えられます。

こういうことを言葉の創化力といいます。言霊ともいいます。自分の発する言葉はそれだけ重要といえます。

したがって、プラス思考の人間には人は集まってきますし、マイナス思考の人間からは人は遠ざかっていきます。類は友を呼ぶで、プラス思考の人間同士が集まり、マイナス思考の人間同士が集まる傾向にあります。

マイナス思考の人は、プラス思考の人と積極的に交わり、プラス思考を受け容れていくとプラス思考に切り換えていくこともできます。

もし、そうでないようなら何が伝わってなかったのかを振り返ってみます。自分の言動に行き過ぎがなかったのかをチェックするのも反省の方法です。

③トップリーダーは聞き上手

リーダーになる人、会社経営者等上に立てば立つほど部下や他人の意見に耳を傾けることが良きリーダー、経営者になるために必須です。

人間の力は限られています。他人の意見に耳を傾けないとその判断は独善に陥っていきます。そして経営破綻していきます。

アップルではCEOのことを、チーフリスナーとも言います。つまり、部下や他人の言うことに良く耳を傾けることが、良きCEOと定義しています。

故スティーブ・ジョブズは、独善的なイメージでしたが、人の話をよく聴きながら、独創的なアイデアをクリエイトしていったのでしょうね。

④「スマホのコードレスイヤホンはコミュニケーション力アップになる」

電磁波防止のため、スマホを使うときはイヤホンを使用していました。しかし、コードが絡まったり収納するのに手間がかかるので、最近はコードレスイヤホンに切り替えました。

コードレスイヤホンのメリットは、スマホとイヤホンが繋がっていないので行動半径が広がることです。

一方、室内でゆったり話すときは、落ち着いて話すことができ、コミュニケーション力アップに繋がっていることが分かりました。

なお、外出するときは、コードレスイヤホンは室内に置いてきます。紛失する恐れと、一日中耳に挿しているのは耳にストレスが加わるからです。また、私の年代では補聴器と勘違いする人もいるからです。格好悪く見られるのは嫌ですよね。

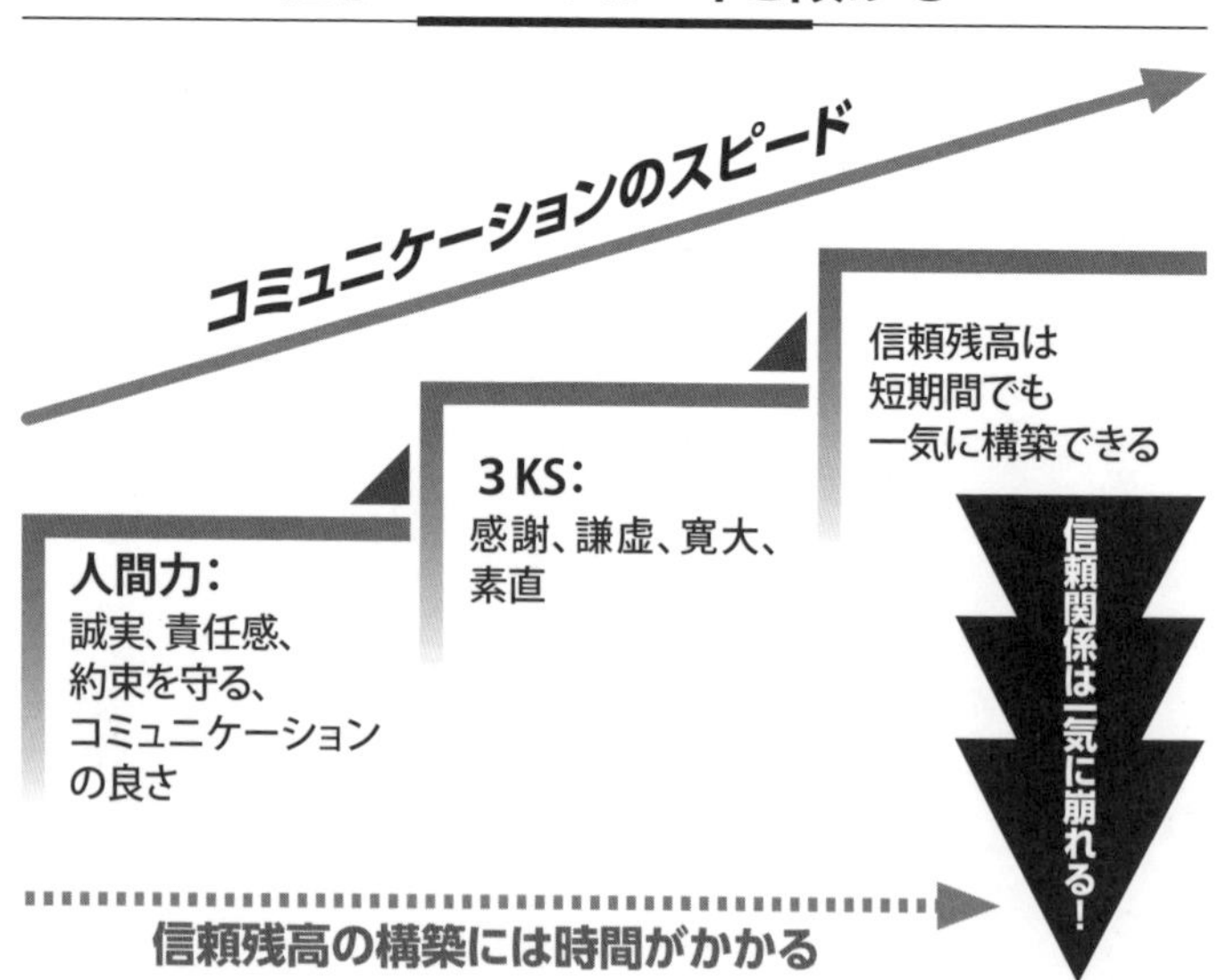

第3章

コミュニケーションを妨げているもの

1 コミュニケーション力の障害となるもの

〔1〕初対面で判断しない

①初対面の印象で相手を判断するのは危険

まず1番目に、初対面で判断しないということです。例えば、第一印象というものがありますが、第一印象が必ずしも良い人ばかりとは限らないわけです。

例えば、技術系の人で、あまり人と接触する機会のない方の中には、第一印象に興味がなく、人に良く思われようとか思っていない方もいます。

大切なのはその人がどんな性格かということを知ることです。少しずつ腹を割って心を開いてくるようになると、うまくコミュニケーションがとれるようになってきます。

第一印象でこんな人かと判断すると、次に説明する先入観につながってきます。初対面で判断しないことです。私の過去の経験からいっても、初対面で非常に印象が悪かった人でも付き合ってくると、味が出てきて良いな、という人が結構いるものです。初対面で判断しなければ、先入観もとれてきます。

②先入観

先入観というのは、人だけではなく、商品とか物事でもあります。

前述のように、初対面でその人を判断すると、次からその判断に従ってその人を判断しがちです。しかし、あることに対し、その人がどのような反応をするか先入観なしで素直に見ていくといいと思います。

例えば、ある商品やサービスを紹介するとき、その人にマッチしたものかどうかを相手の反応から判断します。マッチすれば、すなわち相手のツボにはまり話は進んでいきます。

ただし、その人が前向きに考える場合とそうでない場合があります。

前向きに考える場合、話が持って行きやすくなるし、そうでなければ、どうせこの人に持って行っても話が先に進まないという判断となります。

③思い込みの落とし穴……

これは先入観と似ているところもあります。こうだと思い込んでいる場合には、周りのことが見えなかったり、思わぬ視点が欠落してしまったりということがあります。私は、基本的にあまり先入観を持たないタイプですが、まれに、こうだなと思い込んでしまうときがあります。

そういう場合には、「いかん！　この部分が欠落していたな」と後になって気づくときがあり、反省をします。そして思い込みを消し去り、自分自身のプラスに繋げるよう切り替えます。

〔2〕理解するつもりのないものは絶対理解できない

次に、理解するつもりのないものは絶対理解できない、ということです。

ドラッカーのところでも触れました「知覚できるもの」と似ていますが、本人が理解しようと思わなければ絶対に理解はできません。

例えば私の苦手なものとして、役所から送られてくる様々な書類（社会保険庁、税金関係等）があります。それに保険会社からの損害保険等々。これらの書類は、訂正や申告を指示するものがあり、これが面倒くさくて苦手です。私に理解する気がないのです。

毎年届きますが、面倒くさいなと思うので、理解ができないままです。そして毎回のように書類の記入ミスが起こります。

しかし、もしあなたが、そういう関係の営業、例えば保険関係等の仕事をしていたらどうですか？

お客様は普段やりなれないことは面倒くさいものです。

また、お客様に何かお願い事をするときがありますよね。

そんなとき、結構時間がたってもやってないということがあるものです。なぜやっていないかというと、普段の習慣になっていないからです。習慣になっていないことは面倒くさいのです。本当にこれが良いなと思えばやるかもしれませんが、そうでなければ面倒くさがります。

その辺のところを把握して、そのネックとなるところを解決していかないと、お客様は理解してくれず先に進まないので、特に営業をやる方は気をつけなければいけないポイントです。

《メルマガ『マーキュリー通信』より　―相手が聴く耳を持たない場合、引くことも肝要―》

私は自分の意見ははっきりと言うタイプです。しかし、それを押し通すことはしません。特に相手の企業がこのままだと危ない場合には、より強く意見を言うことがあります。しかし、相手が聴く耳を持たない場合、無理して押し通しても人間関係を悪化させるだけなので、引っ込めます。

ただし、自分が経営参謀役としてその企業の経営状態を見ている場合には、辛口のアドバイスをします。それでも聴こうとしない場合には、経営参謀役を降りることもあります。

過去に私のアドバイスを聴かずに、最悪倒産や経営破綻した企業を多数見てきましたので、経営参謀役を引き受けた場合には、そのくらいの覚悟で経営者に耳障りなことも敢えてアドバイスすることにしています。

〔3〕上から目線で見る

①上から目線になっていないか絶えずチェックしてみる

それから、上から目線で見る人が結構います。

相手と立場が対等ではないとき、同じ職場でも自分のほうが年齢が上、あるいは上長である場合、時々上から目線で言う人がいます。

上から目線で言うと相手は良い気持ちがしません。

例えば、同じ職場の上司と部下であれば、今は上司だから仕方ないが、この先この人の下にはいきたくないな、と思ってしまうでしょう。

お客様でも、職場の先輩でも、上から目線の人は時々いるものです。

しかし、良い気持ちはしないです。

たとえ、お客様で対等の立場といえなくても、上から目線でしゃべることは相手に悪い印象を与えるので、コミュニケーションの妨げとなります。

Coffee Break

― 上から目線では相手に通じない ―

カナダ三井物産カルガリー店に勤務の頃でした。

私は、三井物産の石炭部代表としてカナダの石炭会社と付き合っていました。

ある時、石炭会社の担当者が、重要な書類の提出を期限までに送ってきませんでした。

そこで私は「自分は三井物産の石炭部を代表している者だ。なぜ期限までに書類を送ってこないのか」と相手に怒りをぶつけました。

そのやりとりを聞いていた上司から、「そんな上から目線では相手は納得しないよ」と注意されました。

それ以来、私は自分の発言が上から目線になっていないか絶えず気をつけるようにしています。

②慢心

人は成功すると自分に自信を持ちます。それが高じると慢心となります。その時、得てして上から目線で発言していることがよくあります。

人は慢心になった時点で、周りから煙たがられ、人が離れていきます。慢心したときがピークで、後は坂を転がり落ちていきます。

慢心を防ぐには、謙虚さが大切です。謙虚さを持ち続けるには、自分の成功は自分ひとりの力ではない、と周りの人に感謝することです。感謝の心を持ち続ける限り、慢心を防ぐことができます。

〔4〕自己主張と言い訳

①自己主張

自己主張は、相手の言っていることに対して反論するわけですから、責任が伴います。自己主張をする人の最大の欠点は、相手の言っていることが耳に入らないことです。

自分中心的にものを言います。

こういう人はどうしても進歩、発展に限界が来るわけです。自己主張はコミュニケーションを妨げるひとつの要因になってきます。

逆に、取引先とか、お客様が自己主張をするときは、言い合わないほうがいいです。言い合ってもお互いのコミュニケーションが成立しません。

このような場合、なぜこの人は自己主張をするのか、その人の自己主張のポイントによく耳を傾けるのです。それをすることによって、今度はコミュニケーションが成立してきます。お互いが自己主張をして言い合っている状態では、話が全然かみ合っていないのです。

一方、非常に自己主張の強い人に対しては、自分が折れて、相手の言っていることに耳を傾けることによってコミュニケーションがうまくいくわけです。

②言い訳

言い訳をする人も結構多いですね。言い訳は責任逃れです。言い訳は基本的にしないほうがいいです。どうしてもという場合もあるかもしれませんが、それ以外はやめましょう。

普段から言い訳をする癖がついている人は信頼されません。何かを頼んだときに必ず言い訳が返ってくるとなると、責任逃れのために言い訳をしているなと思われ、信頼されなくなってしまいます。

ですから、言い訳は最小限にすることです。また、言い訳をしないようにその仕事をきちんとすることが重要になってきます。これによって信頼される人間になってくるわけです。

〔5〕カットインする

私は昔、上司からこんなことを指摘されました。

「おまえはよく人の話を途中でカットインする」。つまり、人の話を遮るということです。

これは自分では意識していないのですが、上司からすると途中で自分の話をカットイン、つまり遮られることですから面白くありません。

それ以来私は、人の話をきちんと最後まで聴くという習慣をつけるようにしました。これは大事なことです。

つまり、人が話しているときに途中でカットインして自分の意見を話し始めたら、コミュニケーションが成立しなくなってしまいます。

ただ、相手によっては要領を得ずだらだらと際限なく話す人がいます。

こういう人の場合には途中でカットインするケースもありますが、基本的には人の話を最後まで聴いて、この人は何を言いたいのか、相手のことをよく考えることが重要です。このことを心がけるだけでも、コミュニケーションはかなり円滑になるはずです。

お手数ですが
63円切手を
貼って下さい

郵便はがき

114-0002

東京都北区王子五―一―一―一三四

㈲マーキュリー物産

菅谷信雄著書
愛読者アンケート係 行

愛読者アンケート

フリガナ お名前	男・女	歳
ご住所　〒 都道 府県		
携帯番号		
メールアドレス		
ご職業	①会社員　②経営者　③公務員　④自由業　⑤自営業 ⑥主婦　⑦学生　⑧ 年金生活者　⑨ビートルズファン ⑩ネットワーカー　⑪その他　（複数選択可）	
今後著者のメルマガ等を お送りしてもよろしいですか。	はい・いいえ	

※本アンケートご回答の皆様に**先着20名様**に著者菅谷信雄の出版記念講演会にご招待いたします。
該当者には別途ご案内させていただきます。

◆本書をどのようにお知りになりましたか

①書店で見て　②インターネットで見て　③著者と知り合いだから
④友人、知人から　⑤その他（　　　　　　　　　　　　　　）

◆本書をお読みになった感想をお聞かせください

5段階評価	5	4	3	2	1

〔6〕プライドの功罪

①良いプライド

プライドというものには、良いプライドと悪いプライドがあります。

良いプライドというものは、自分が過去に何かを成し遂げたために今日の自分があるというようなこと。自分は営業にかけてはトップセールスマンであるということ。これは良いプライドです。例えば、成績が落ちて、自分のプライドが許さないから頑張る、これは良いプライドです。ただし、これを自分から吹聴し過ぎると、自惚れ、増上慢になるのでそこは気をつけなければいけません。

②悪いプライド

「自分はトップセールスマンだから営業の駆け出しの言うことなんか聴けないよ」と思えば、そこからその人の進歩は止まります。トップセールスマンだからといって完璧なわけではありません。

世の中は絶えず進歩しています。周りの状況も絶えず変化しています。

若い人の話や部下の話は、細部にわたることが多いです。細部の話は現場に即した話が多いです。そこから問題のヒントを得ることもあります。細かいところには、きちんと耳を傾けて聴く姿勢を持つことで、仕事の改善に繋がるかもしれません。そのことで、若い人や部下との信頼関係が増すこともあります。

自分がいくらトップセールスマンでも、年齢が遥かに上であっても、駆け出しの若い人の意見に一理あるかもしれません。そこはきちんと聴く必要があります。もし、彼が間違ったことを言えば、そのときは正してあげればいいことです。

若いセールスマンからみれば、この人はトップセールスマンという昔取った杵柄を鼻にかけていて、自分の意見を聴いてくれないと不満が募り、コミュニケーションがとれなくなります。これもひとつのコミュニケーションを妨げる大きな障害となるわけです。

③劣等感に繋がるプライドは要注意

良い意味でのプライドを持つことはいいことです。しかし、劣等感に繋がるプライドは要注意です。

学歴も特になく、一時代を築いてきた人にこの傾向が時々見受けられます。また、技術者にもこの性癖があります。「自分は高学歴の人間より偉いんだ」とか、「大企業勤務者より偉いんだ」とか、「彼らの前で卑屈になる必要などない」とうそぶいたりします。

しかし、これは高学歴の人や大企業の人に対する劣等感の裏返しと言えます。相手を学歴に関係なく、また、企業の規模に関係なく、お客様ならそのような態度で接すればいいし、取引先なら取引先として相手を尊重しながら付き合えばいいわけです。

潜在脳力で有名な、ジグラーが著書『潜在脳力超活性化ブック』（61頁）の中で、“pride”を左記のように定義しています。

PRIDE=Personal Responsibility In Daily Endeavors

つまり、日々の努力の中の個人的責任。英語では責任のことを“Responsibility”と言いますが、「反応する力、対応する力」のことです。

日々いろいろな出来事が起こりますが、それに対し、個人的に努力し、責任を持って対応しているかどうか。これが本来のプライドです。

間違ったプライドはコミュニケーション上も要注意です。その気持ちが相手に伝わり、相手との溝を作ったりすることになります。

《メルマガ『マーキュリー通信』より　―プライドとコンプレックスは表裏一体―》

人間は大なり小なりプライドを持っています。しかし、プライドには持つべきプライドとそうでない偽のプライドがあります。人間歳をとるとだんだんこの偽のプライドがちょうど亀の甲羅に付着した貝殻のようについてきます。

三井物産に勤務していたK氏の場合、40年間住宅リフォームをやってきたというプライドが非常に強い人でした。そのプライドが良い方向に出ると力を発揮します。しかし、このプライドが悪い方向に出るとお客様とのトラブルに発展します。

昨年マンションの部屋のリフォームでこんなことがありました。お客様から、扉の色は敷居や桟と同じ色にして欲しいというリクエストがありました。しかし、実際の色は、真っ白でした。周りの色と調和しないので、当然お客様からクレームがつきます。

するとK氏は、お客様に「この品番は白でない。素人のあんたが余計な口出しをするな」と譲りません。K氏と話しても埒があかないので、お客様から直接私のところにクレームがあり、現場に見に行きました。私が確認した色も真っ白でした。そして、周りから浮き上がって見えます。

私は、K氏に「あれはどう見ても白だし、お客様のリクエスト通りの色にするように」と指示を出しました。しかし、K氏は、「社長、あんたは素人なんだから、現場のことに口を出すな」とけんもほろろにくってかかります。結局、最後は業務命令で色を塗り替えさせました。

K氏の場合、住宅リフォーム40年のキャリアが唯一の拠り所です。それ以外の業務遂行能力、仕事能力、対人関係調整能力等極めて劣ります。お客様からよいしょされると、気持ち良く仕事ができ、お客様からの評価も高いです。

しかし、前述のようにその逆の場合には、直ぐに切れてしまいます。私のものの見方は、お客様の立場に立ったものの見方、考え方、それと経営の視点等多角度から物事を捉えますが、K氏にはそれができません。

当時63歳のK氏の場合、ちょうどパソコンゲームが得意な少年と似ています。パソコンゲームで争っても私は絶対に勝てません。それと極めて似ていて、住宅リフォーム以外の知識、経験はないのですが、歳が私より5歳年上のため、年上のK氏のほうが私より仕事ができると思いこんでいます。そして、住宅リフォーム以外でも私と張り合おうとします。それ以外の部分で私と競っても、勝負にならないのですが、K氏のプライドが許しません。

これを心理学的側面から分析すると、偽のプライドで自ら武装することで身を守っているつもりなのですが、一皮むけば、私に対するコンプレックスが露わになってきます。その部分で素直になればもっと気が楽になるのですが、それができません。可哀想な人です。K氏は、感情の起伏が激しく、営業能力もないので、結局辞めてもらうことにしました。

「プライド」という言葉に関しては、以前行われた米国のコンベンションでの、全盲のマルチタレント、Tom Sullivan のスピーチが今でも忘れられません。

“Pride is a personal responsibility for each individual daily efforts”（プライドとは、努力目標を設定して、それに対し日々自分がどの程度責任を持って反応しているかということ）。

そして、その責任を果たす基準、価値観として私は「心の安らぎを得る13の価値観」を作成しました。

私自身の13の価値観「純粋、誠実、正義、責任感、感謝、謙虚、寛大、素直、中道、努力精進、勇気、質素倹約、与える愛」の基準と照らし、プライドに恥じることをしていないかどうか日々チェックし、それに違うことをしていることが分かれば、反省し、日々改めるようにしています。この習慣をつけると、心が安定した毎日を送ることができます。

前述の「聴」十四の心と似ていますね。

〔7〕嫉妬

嫉妬とは……ある人と比べて、現在の自分の力が及ばない場合、人はその人に嫉妬を抱きます。嫉妬には、学歴コンプレックス、女性にもてない、出世できない等々があります。実はこの嫉妬とは、あなたの満たされない願望でもあるわけです。

あなたがテニスの愛好家とします。その際、プロテニスプレーヤーの錦織圭選手に嫉妬を抱きませんよね。憧れの対象のはずです。

つまり全くあなたとは別世界の人、別次元の人には嫉妬を抱きません。したがって、嫉妬の対象となるのは、同じ職場とか業界、または趣味の世界となります。

例えば、学歴コンプレックス。

これは今から取り返そうと思っても厳しいです。それならこの学歴を覆すような努力をすればいいわけです。いくら一流大学を出ても、それは受験生時代の偏差値が高く、合格する力があったに過ぎません。しかし、日本の大学生の大半は、あまり勉強をしません。大半は社会人になってから実務を経験することで、力をつけていきます。そのときの精神的態度によって、社会人となってからの能力差が生まれ、歳を経るにしたがい格差が広がります。

すなわち、「サラリーマンは気楽な稼業」と思って、就社した人と、この会社で自分の力を大いに磨いていこうと思う人との精神的態度の違いです。

そこに気づけば、コンプレックスを抱くことはありません。

一方で、学歴のある人を上手に活用すればいいわけです。あなたの力に変えればいいのです。逆にその人に嫉妬を抱き、その人の悪口を言っても、天に唾するだけです。つまり、その悪口がいずれその人に伝わり、ブーメラン効果となって、その人はあなたへの協力をしなくなるでしょう。その結果、あなたの力を殺ぐだけのことになります。

また、会社の出世レースで同僚に後れをとっても、なぜ彼は出世が早いのかを研究してみればいいのです。そして、ライバルと思える彼以上に努力して、出世をすればいいわけです。

たとえ現在の上司に認められなくても、会社は複数の目であなたを見ています。したがって、あなたの努力はいずれ報われることになります。

ただし、中小企業の場合、上司や社長があなたと反りが合わない場合もあります。この場合、あなたは実力を磨きながらそれでも報われないようなら、実力を十分つけた上で、その会社を去って行けばいいと思います。

実力のあるあなたなら他の会社でも採用されるはずです。

嫉妬を逆手にとり、嫉妬をバネにして、自分の実力アップの力に変える。こういう精神的態度で生きていくと、あなたの力は自然とアップしていきます。

〔8〕直ぐ怒る人から人は去って行く

人は怒るとコミュニケーションが円滑にいきません。そして、相手の話を冷静に聴けなくなります。コミュニケーションがとれないと分かると、人は離れていきます。そして、相手との感情的なしこりだけが残ります。

怒りやすい人は、自己中心的な人が多いです。なぜ怒ったのか自分の言動を振り返ってみるといいです。たいていの場合、たいしたことでないことで怒っています。そのとき、怒った自分が恥ずかしくなります。もし、あなたがそう思わないなら、やはり反省が足りないとみていいです。そして、その怒りやすい性格のまま放置しておくと、だんだん周りとの心理的ギャップが生じてきます。

〔9〕多弁の人は話が伝わらない

多弁の人は自分がコミュニケーション能力があると思っていることが多いです。多弁の人は1回のショットでいろいろな話題を出してきます。しかし、人は他人の言葉を全て理解しているわけではありません。ひとつのことに絞って掘り下げて説明してくれるならまだ理解が進みます。しかし、1ショットでいろいろな話題が出てくると、関心のないことは忘れてしまいます。それでは時間の浪費となってしまいます。

第2章で会話のキャッチボールの話をしましたが、相手の反応を見ながら次のショットを放つ感覚を持つと、相手に伝わりやすくなります。

〔10〕愚痴は言葉のゴミ

①愚痴は自分のイメージダウンに繋がる

最後に、愚痴とありますが、人間ですから愚痴を言いたくなるときもあります。ただ、愚痴というのは、基本的に言葉のゴミと思ってください。ゴミはもらってもうれしくありませんね。

自分が相手の立場に立って考えたとき、相手から愚痴をしょっちゅう言われたらどうでしょうか。1度や2度だったら良いですが、しょっちゅう言われていたら、その人のことをだんだん良く思わなくなってきます。そしてその人から遠ざかっていきます。ですから、愚痴はなるべく言わないほうがいいということです。

愚痴を言わないようにするにはどうしたらいいか。

公私共に忙しくしていることです。多忙な人は、愚痴を言っている暇などありません。暇だから余計なことを考え始めることになります。

②愚痴を聴く

ただ、私も人生70年以上生きてきて、社会経験も50年近くになります。

そうすると、若い人からいろいろ相談を受けたり、愚痴を聴かされたりすることもあります。

人はその愚痴を言って、聴いてもらうだけで、すっきり、さっぱりすることもあります。ですから、そういうときには聴き役になって愚痴を聴くこともあります。

私の場合、その意味で若い人のメンターになっていることもよくあります。

昔よく知っている社長の話ですが、私と会うごとに会社の愚痴を言っていました。

社長なので、社内で欲求不満は言えないでしょう。

お昼をごちそうになりましたので、食事代が愚痴聴き代ということになります。

社長は毎回スッキリしたようです。

愚痴というのは言葉のゴミです。しょっちゅう愚痴を言っている人は、人から疎まれるようになりますし、愚痴は自分に返ってきます。愚痴は最低限にとどめておくことが大事です。

メンタルヘルスは重要なことなので、絶えず、心を穏やかに保つこと、それをコントロールすることも大事です。

2 コミュニケーションのとり方の下手な人

〔1〕自分中心のコミュニケーション

ここでもドラッカーのコミュニケーションの原理「相手が理解しなければコミュニケーションは成立しない」が働きます。

特に技術系の一部の方々は、自分の知っている知識をできるだけ言いたいからどんどんしゃべる。相手が理解していなくても自分の言いたいことを言ってしまう。

しかし、時間をいくら使っても、1時間、2時間説明しても、相手が理解していなかったら意味がないですよね。これが重要なポイントです。それでは単に自己満足に終わります。

相手が誰なのかによって説明の仕方も変えるべきです。

相手が、会社のトップなら経営に重要な影響を与える事項を手短に説明すれば良く、営業なら営業に影響を与える事項を説明することが重要です。

それ以外の技術的な詳細を説明されても、理解できず、時間の無駄遣いとなります。

コミュニケーションのとり方の下手な人というのは、自分中心のコミュニケーションなのです。

これを相手中心のコミュニケーションに変えていくと、コミュニケーションが格段に良くなります。

《メルマガ『マーキュリー通信』より　―コミュニケーションと仕事能力―》

ＧＥを超エクセレントカンパニーにした名経営者ジャック・ウェルチも、１にも２にもコミュニケーションが重要と説いていました。

そのジャック・ウェルチが師匠と仰ぐ20世紀最高の経営コンサルタント、ピーター・ドラッカーもコミュニケーションの重要性を、彼の書物の中で力説していました。

私がＭ＆Ａで関わっている企業で本日こんな出来事がありました。

コンピューターが苦手な年配社員Ｉ氏が、成田で１時に待ち合わせするとのことで、Ｙａｈｏｏ！の路線図で、接続を確認した上で電車に乗ったほうが良い旨アドバイスしました。そして、成田までの行き方を印刷して、きちんと説明し、「新橋駅で都営浅草線に乗るのがベスト」というアドバイスまでしました。

さて、午後１時30分頃取引先から電話がかかり、30分経ってもＩ氏が現れないので困っているとのことでした。取引先の担当者もＩ氏の携帯に電話しても、一向に繋がりません。

こちらからも、彼の携帯に電話をしても繋がりません。その内、I氏から私の携帯に電話が入り、相手の担当者の携帯を教え、取引先にも散々迷惑をかけた上で、一件落着しました。

皆を騒がせた当の本人は、「東京駅から乗ったら接続が悪く、乗り換えるたびごとに30分前後待たされて、えらい大変な思いをした」と謝るふうもなく、弁解していたので、「だからそうならないようにYahoo!の路線図をコピーして、新橋から行くのがベストと説明したのに」、「菅谷さんの言うとおりだった」と人の話を全然聴いていなかったようです。

また、「Iさんの携帯に電話がいかなかった?」と聞くと、「そういえば、電車に乗っている最中に、何度も携帯に電話がかかってきた」とI氏は答えます。

I氏は自分の携帯電話に電話番号を登録していません。そこで、先日、私の分だけ登録方法を教えて、「仕事上よく電話をする人の電話番号を登録すると良い」と教えたのですが、本人は全然やっていません。

一方、約束の時間に大幅に遅れ、その間自分の携帯電話に電話がかかってくれば、待ち合わせの件だろうと思うのが常識であり、基本動作ですが、I氏の場合、着信履歴の相手先にコールバックするやり方をどうやら知らなかったようです。

さて、このエピソードを聞いて、皆さんはどのように感じましたか?

「いくらなんでもそこまでひどくないよ」と言う人が多いと思います。

しかし、自分では気がつかないうちに、折角の文明の利器を使わないで、コミュニケーションをまだまだ活用していない人を多数見かけます。

例えば、

・携帯の留守録にコールバックをお願いしても返事が返ってこない人
・何秒間か着信が鳴ったら留守録モードに切り替えるように設定をしていない人
・仮に留守録モードにしなくても、着信履歴が残るのに、コールバックをしない人
・会議中にマナーモードにしないで、電話が入り周りに迷惑をかける人
・その場合、周りの迷惑を考えないで、電話で話す人

ケースを挙げれば、まだまだいろいろと出てくることでしょう。

さて、I氏の場合、困るのは反省がないことです。これほど周りに迷惑をかけても、あっけらかんとしていることです。こういう脳天気な人の場合、同じミスを再び繰り返すでしょう。私からは、携帯電話に電話番号を登録することを強く勧めました。IT時代の現代、最低限のビジネスマナーを心得ていないと、周りから馬鹿にされることも説明したのですが、本人は気にしていないようです。

I氏は、相撲でいえば押し相撲一直線で、つぼにはまれば力を出すタイプです。しかし、このような基礎的なことができないと、この時代、特定の仕事しか任せられないことになります。

(2)二枚舌を使う人

仏教の教えに八正道があります。正見、正思、「正語」、正業、正命、正精進、正念、正定の8つですが、その3番目の教えが「正語」です。

「正語」には4種類あります。

不妄語:ウソをつかない
不悪口:他人の悪口を言わない
不両舌:二枚舌を使わない
不綺語:過ぎたお世辞を言わない

不妄語、不悪口は分かりやすいので、3番目の不両舌を説明します。

同じ事実を相手によって違えて言わないことを指します。

もちろん私も同じ事実でも、ある事柄、事件等によって、相手との関わり方、性格等によって説明の仕方を変えたりします。しかし、事実をねじ曲げたりはしません。

ところが二枚舌を使う人は、相手に気に入ってもらおうと思うあまりに、余計な枝葉を付け加えたり、時によっては事実と違うことを伝えたりします。また、その人の解釈能力が低い場合、間違って伝わることも往々にしてあります。二枚舌があまり過ぎると、その人の情報が周りに伝わり、信

頼されなくなります。終いには相手にされなくなることもあります。

4番目は不綺語です。これは過ぎたお世辞を言わないという意味です。

人間は、相手とのコミュニケーションを円滑にしたいために褒めたりします。しかし、これも度を超すと相手に不快な印象を与えることになります。

一方世間情報等のたいした問題でなければその人とのコミュニケーションの円滑化のために相手に相槌を打てば良いです。

しかし、極めて重要なことに関しては、あまりお追従ばかり言っていると信頼されなくなります。例えば、その会社の経営の根幹に関わるような重要事項に関しては、私は経営コンサルタントとして正論を主張します。そのギャップがあまり大きい場合には、その会社の経営コンサルタントを降りることもあります。

言葉の創化力といって、人から発した言葉がその人の性格を決めることになります。

その意味で普段から「正語」の重要性を認識しながら、自分の発言に慎重を期しながら話すことはとても大切です。

なお、「正語」の前に「正思」があります。これは正しく思うですが、結局、この部分がしっかりしていないと、前述のような言動となってしまいます。

《メルマガ『マーキュリー通信』より ―ウソをつく―》

人間誰しもウソをつきます。ウソが許されるのは、相手を傷つけないとか、相手に対する思いやりが基本となります。

X弁護士の場合、公式の場でも平気でウソをつきます。X弁護士がウソをつく基準は、自分のところの利益になるかどうかです。現時点では、どこの利益を優先しておけば、自分のところにメリットがあるかがポイントです。利害関係者としては、クライアントである依頼主、依頼主の交渉先、銀行等が挙げられます。自分の利益を守るためには、クライアントを騙すことくらい平然とやってのけてしまいます。

各利害関係者には、違うことを平然と言ってのけます。二枚舌、三枚舌など朝飯前です。

自らついたウソは、得意のリップサービスや、利害関係者のガス抜き等でうまく切り抜けます。

しかし、X弁護士は、有名な英語の格言、"You may cheat a person all the time.You may cheat all the people at one time. But you never cheat all the people all the time."

ひとりの人間を一生涯騙すことはできるかもしれない。多数の人を一時騙すことはできるかもしれない。しかし、多数の人を、一生涯騙すことはできない」をご存じないようです。

最近では、X弁護士が何を考えているかを分かるようになりました。

すると、X弁護士が次にどのような手を打つかが読めるようになります。X弁護士のウソを見抜き、その手に乗らないようにこちらも次の一手を打つことを考えます。

X弁護士は、若手弁護士を多数抱えています。しかし、どの弁護士もボスであるX弁護士に似ていて、平気でクライアントを騙したり、態度が横柄です。

X弁護士は現在70代、いずれリタイアするでしょう。そのとき、これら若手弁護士はどうなるのでしょうか。人ごとながら心配です。


我が家のトイレには、相田みつをの日めくりカレンダーが掛けられています。

一番好きなのが、25日の「そんかとくか　人間のものさし　うそかまことか　佛さまのものさし」です。

X弁護士にも是非トイレに飾るように勧めたいです。

3 その他

〔1〕タイム・ジャック

タイム・ジャックとは何か……

例えば、私もいろいろな異業種交流会に参加します。そんなときよく「自己紹介を1分でやってください」と司会から言われます。しかし、5分、10分と延々行う人がいます。限られた時間で時間管理をしているわけですから、その中で割り当てられた時間を大幅に超えて使うことは、周りの人たちの迷惑になります。また、周りの人も聴いていません。

でも、空気を読めずにワーッとしゃべる人は結構います。

そういう人は、周りがしらけても分かりません。

こういう現象をタイム・ジャックと呼んでいます。

〔2〕セクハラ、パワハラ

私が三井物産に在籍中だった1990年代までに職場で行っていたことを、現在の職場でやっていたとしたら、レッドカードの連発と思います。

上司が女子社員との懇親会の最後、盛り上がってくるとダンスをします。最後はチークダンスとなります。中にはおさわりする上司までいました。女子社員をホステスとしてカン違いしているのでしょうか。これなど完璧なセクハラでした。ただし、ベテラン女子社員の中には自分の評価を高くしてもらうためにセクハラを逆利用する強者もいました。

セクハラ、パワハラは、相手との人間関係、性格、人間性、状況等によって千差万別です。酒豪でならす女社長Sさんは、酒の席で下ネタを連発して場を盛り上げます。私もそれに呼応して下ネタで対応します。もし、この下ネタを他の女性に言ったらレッドカードです。

一方、パワハラは自分の言動に気づかない人も多いようです。パワハラとは、その人の力を使って相手を従わせようとする言動です。その場合、相手に対する思いやりや愛情、気遣いはなく、自

己中心的な立場を取る人です。日本の社会ではよほど度が過ぎない限り表沙汰になることは少ないですが、パワハラを受けたほうは傷つきます。当然、良い人間関係は築けません。したがって、その人の力がなくなれば遠ざかっていきます。

パワハラを避ける言動としては、本書でたびたび取り上げる3KS（感謝の心、謙虚な心、寛大な心＋素直さ）です。これさえいつも持っていればパワハラになることはまずありません。

Coffee Break

― 5つ星級のパワハラを受けていた私 ―

三井物産で初めて営業部署に異動したときの初めての上司がD氏（故人）でした。私より10年先輩で当時課長代理でした。Dさんは型破りの営業パーソンで、業界ナンバー1でした。そのDさんから徹底的にしごかれました。私がミスをすると鉄拳の嵐です。そのうち鉄拳では物足りなくなり、毎日のように革靴の底で私を蹴りつけました。それは半端ない痛さでした。そのしごきを受けたおかげで私は一人前の営業パーソンに成長することができました。三井物産在籍中に多数の上司に仕えましたが、私はDさんが一番好きでした。やはりこの人は部下思いの愛情に満ちた人だったからです。

コミュニケーションを妨げているもの

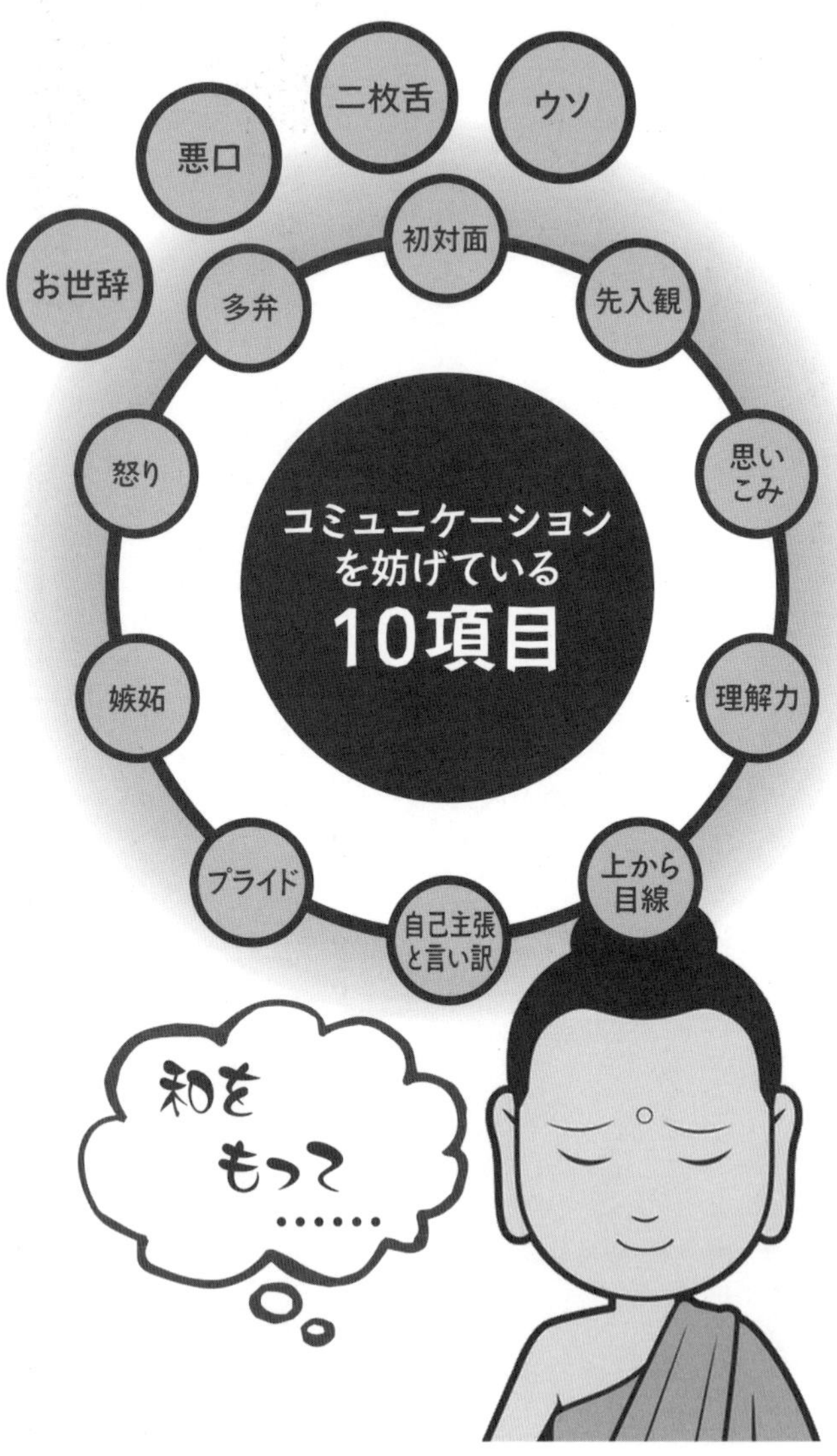

第4章

各種コミュニケーション手段の基本ルール、マナー、使い分け

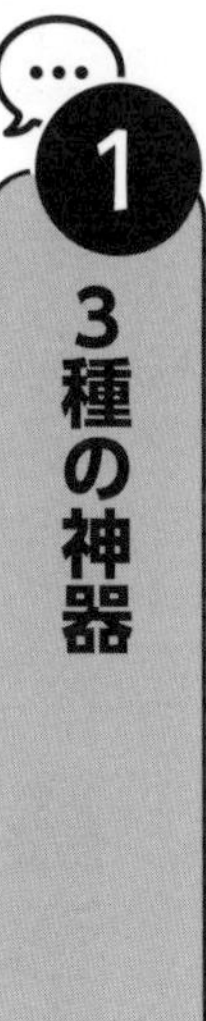

1 3種の神器

私が、現役として三井物産情報産業部門に勤務中は、いわゆる3種の神器と言われた携帯電話、インターネット、パソコンはまだ普及していませんでした。

三井物産を退職したのが１９９７年5月でしたが、ちょうどその頃、インターネットという名前が世間で知られるようになってきました。

その後、通信環境は激変して、中小企業、個人でも大企業と伍して戦える環境が整ってきました。

2 電話

携帯電話の普及により、今や固定電話はほとんど利用されなくなってきました。

最近は携帯電話に定額のかけ放題が出てきました。固定電話にも使えるので、一昨年引っ越しを機に、固定電話を止めました。

企業の場合、まだ固定電話を使うところが多いので、相手によって私の会社の呼び方を変えています。

①普段取引がある企業

「マーキュリー物産の菅谷と申します。〇〇社長いらっしゃいますか?」

そのとき、度々「どのようなご用件ですか?」と聞かれることがあります。

その場合、相手との関係、状況等に応じ、用件を説明して、

「折り返しお電話をいただけますか」と言い、私の携帯番号を伝えます。その際、私の名前と携帯番号を復唱するようにお願いします。結構聞き違える人も多いです。私の名前を「菅原」とか、「須貝」とか結構聞き間違えています。それでは別人となってしまいます。

②同窓である、一橋大学出身の役員、社長の場合

「マーキュリー物産の菅谷と申します。○○社長いらっしゃいますか？」
なお、マーキュリーという言葉はまだあまりポピュラーでないので、ゆっくりと伝えます。それでも聞き返されます。

また、私が代表世話人を6年間務めていた一橋新経済人倶楽部のメンバーなら「一橋新経済人倶楽部の菅谷と申します」と言います。意外と「一橋新経済人倶楽部」は聞き取りづらいようです。いくらゆっくりと伝えても伝わらないことが結構あります。その場合、「一橋大学新経済人倶楽部」と言うとよく伝わるようです。

③三井物産及び三井物産企業グループ

「三井物産社友の菅谷と申します。○○社長いらっしゃいますか？」

三井物産では、勤続20年以上かつ48歳以上で退職した場合、社友を名乗ることができます。社友として私の名前は社友名簿に掲載され、毎年更新された社友名簿が届きます。また、現役時代の社員番号で私の名前は管理され、企業年金も社員番号に基づき支給されます。三井物産及び三井物産グループを訪ねるときは、名刺にも三井物産社友と書いて、名刺交換します。相手の反応も概ね良好です。

マーキュリー物産では、門前払いされることも多いので、三井物産社友の肩書きが有効です。当然私の方が先輩なので、相手の対応も良くなります。相手のことを知らなくても概ねアポが取れます。

④その他企業

マーキュリー物産の菅谷と言わずに、「経営コンサルタントとの菅谷と申します」と伝えます。マーキュリー物産では、ものの売り込みと勘違いされることも多く、門前払いされることもあります。

なお、久しぶりにかける相手には、不在のときは、電話に出た人に現在の役職を確認しておき、いただいた名刺を修正しておきます。相手の役職を間違えるのは失礼に当たるからです。

⑤電話で用件を説明するときのこつ

「電話で説明するときは、相手が理解できるようにゆっくりと話す」が原則です。

時々電話で長々と話す人がいます。それも早口で。これではあまり理解してもらえません。相手に理解してもらうならゆっくりと説明するべきです。物事の経緯が分かっていない場合はなおさらです。お互いにずっと同じビジネスをしていて経緯等が分かっている場合には、多少早くても相手は理解できるかもしれませんが、例えば最初の部分を早口で言っても相手は理解できません。面と向かって話しているときは相手の顔が見える、表情も見える、それから資料等を見ながら説明するわけですが、電話の場合、顔も資料も見えないわけですから、これはかなりハンデがあります。ですから電話で説明するときはできるだけ長話をしないということが大切です。

私の場合、用件を簡単に言って、「○○社長宛にメールで資料を送りますので、よろしくお伝えください」と電話口に出た人に伝えます。

⑥電話の受け応え

電話の受け応えで、基本的マナーができていない社員も結構います。

私が、「○○社長いらっしゃいますか」と聞くと、「○○社長はいらっしゃいません」とか、「○○社長は夕方頃お戻りになられます」と敬語で応えます。

自分の会社の人間は、たとえ社長といえども敬語を使ってはいけません。謙譲語を使うのがマナーです。

正しくは、「○○は只今席を外しております」とか「社長の○○は夕方頃戻ります」です。

私は、新入社員のときに、電話の受け方・かけ方のマナーについて、上司からしっかりと研修を受けました。もう50年近くも前のことですが、新入社員の頃に受けた教育が今でもしっかりと身についています。

⑦年配者の電話の受け応え

年をとるにつれ、電話のかけ方が横柄でぞんざいになるケースがあります。私の声はかなり若く相手に聞こえるようなので、ぞんざいな応対をする年配者も結構います。

横柄な人は電話を受けるとき、社名も何も言わずに、「ハイハイ！ハイ！ハイ！ハイ！」と、こんなような言い方をする人が結構います。

また、言葉遣いも結構ぞんざいな人もいます。相手から見ると、その人個人に電話をかけてきたわけではなく、会社にかけてきたわけですから、ぞんざいで失礼な対応をすれば、その会社自体のイメージが下がるわけです。

大企業の場合はまだしも、中小企業となると、お客様のほうから「こんな会社とは付き合いたくない」と思われることもあるので、気をつける必要があります。

3 携帯電話

固定電話を廃止したので、最近は携帯電話から相手の携帯電話にかけることがほとんどです。そのとき第一声をどうするか迷う人も多いと思います。

これは相手との人間関係によってかなり異なります。

①相手の状況を確認する

携帯で大事なことは、固定電話と違い、相手がどういう状況にいるか分からないことです。ですから相手の状況を確認することが大事です。これもＴＰＯです。

普段よくかけている相手だったら、相手の声で、なんとなく今はまずそうだな、というトーンが伝わってきます。それから電車の中なども騒音など向こうの状況で分かります。そんなときは、「またかけ直します」とか、しょっちゅうコミュニケーションをとっている人だったら、「電車を降りてから電話もらえますか」という言い方をします。

それから相手の方とツーカーの仲だったら、相手の都合が悪いときというのは大体状況で分かります。また、相手も都合が悪いと言ってきます。それから、そうでもない場合もあります。その場合は、「今大丈夫ですか？」と一言言ってから話してください。相手の状況を確認しながらやっていくことが大事です。

②普段コミュニケーションが疎遠の人に電話をかけるとき

これは、相手に自分の名前が登録されている場合と、そうでない場合とによってかけ方が異なります。

自分の名前が登録されている場合には、「ご無沙汰しています。菅谷です。今、大丈夫ですか？」が基本パターンです。年上の人には、「もしもし菅谷ですが、大変ご無沙汰しています。お元気ですか？　〇〇〇……。今大丈夫ですか？」。〇〇〇……の部分には、その人との仕事に関連する言葉を挿入します。何を言うかは事前に用意しておきます。

また、話の内容は相手の性格に合わせて丁寧に話したほうがいいのか、それとも伝えたいことを手短に説明したほうがいいのか事前に想定しておきます。

もちろんＴＰＯによってそれも変わってきます。

一方、自分の名前が登録されていない場合や、初めてかける場合には電話のかけ方も異なってきます。

仕事関係の相手なら、「マーキュリー物産の菅谷ですが。ご無沙汰しています」とか、異業種交流会で名刺交換した人に初めて電話をする場合には、その異業種交流会で話題にしたことを例に出して電話します。そして、「今大丈夫ですか？」と付け加えます。

都合が悪ければ、「何時頃電話すればよろしいですか」と応えます。

私は電話をした相手の電話番号をその場で登録しておきます。

中には私が何度電話しても、私の携帯番号を登録せずに、「菅谷です」と言っても、毎回聞き直す人もいます。これなど逆に失礼に当たります。

なお、目上の人に電話をする場合、「今大丈夫ですか？」と一言言った方が無難かもしれません。人によっては、失礼に感じる人もいるからです。

③携帯で話す内容はできるだけ手短に要領良く

最近は大半が携帯電話同士のコミュニケーションです。携帯で話す内容は基本的にはできるだけ手短に要領良くです。

しかしながら、普段、仕事関係にある人には、携帯電話で時間をかけてコミュニケーションをとることもよくあります。

最近は携帯電話の料金は固定電話のかけ放題が主流となり、通話時間を気にしなくなったからです。したがって、固定電話の相手も携帯電話に登録しておきます。

なお、携帯電話で長時間話すと、特にスマートフォンの場合電磁波が気になります。そこで私はコードレスイヤホンを使って話します。

仕事場から電話するとき、パソコンを見ながら話せるので便利です。

④電話を受ける場合のマナー

(a) 普段お付き合いがある人

この場合、私は「ああ、もしもしこんにちは」と、名前も言わずに出ます。また、仕事の付き合いなら「お疲れ様です」と応えます。

相手もこちらの対応を見てさっと用件を言えば良いのに、どこどこの会社の誰々、というところから始めようとする人もいます。私に直接電話をしてきているのだから不要なあいさつです。

また、大半の人は私のほうが年上なので、「今大丈夫ですか?」と聞きます。私の場合、その気遣いは不要です。なぜなら都合が悪いなら電話に出ないからです。

また、会議中やセミナー中には、いつもマナーモードにしているので、電話に出ません。

ただし、誰からかかってきたかはチェックします。もし重要取引先で緊急の電話ならそち

らを優先して携帯電話に出ます。

または、スマートフォンに「1時間後に電話する」「ミーティングが終わってから」などと表示されるので、そちらをタップして、相手の電話を切ったりします。

(b) 普段疎遠な人の電話を受ける場合

これは電話をかける場合の逆パターンです。当然、「今大丈夫ですか？」と相手から都合を聴かれます。私は「はい、菅谷です。ご無沙汰しています」と型どおりに応えます。

(c) 携帯番号を登録していない人からかかってくる場合

この場合、以前は「菅谷でございます」と応えていました。しかし、最近は個人情報の問題や世知辛い世の中になってきたので、「もしもし」と応え、相手が名前と用件を伝えてきてから自分の名前を名乗るようにしています。

また、いきなり自分の名前を言ってくる人もいます。これなどもまずは自分の会社名から名乗り、どこで会った誰々と言ってから用件に入るのがマナーです。

(d) 電話に出ない人も結構いる

携帯電話をかけて繋がらない場合も結構あります。当然相手には私の着信履歴が残ります。ところがこのコールバックがない人が意外と多いのです。

中には超多忙で電話に出られないこともあります。また、海外出張の場合、携帯音が異なるので、私はまたかけ直すようにしています。

しかし、毎回電話してもコールバックしてこない人が意外と多いのにはびっくりさせられます。私との人間関係が壊れ、もう電話をしたくないという場合ならいざ知らず、そうでないケースもよくあります。

なお、普段コミュニケーションがとれている人からかかってこない場合には、その用件には関心がないものと判断し、それ以上は追わないこともあります。

(e) マナーモードの設定

マナーモードの設定ができていない人が多いようです。

セミナーとか、講演会場とかで、司会の方が「お手元の携帯電話の電源を切るか、マナーモードに設定してください」と言っているにもかかわらず、必ずといっていいほど着信音を鳴らしてしまう人がいます。

これは人の話を聴いていないということです。関心が薄く、他の人に迷惑をかけてはいけない、というところに思いが行かない人です。相手に対する気遣いができていないと見做されても仕方ありません。

時々マナーモードの設定の仕方を知らない人がいます。

中には、会議中に携帯電話を取り、話し始める人もいますが、人に迷惑がかかることをお構いなしと考えている人としか思えません。

さすがに、電車の中で大声を張り上げて話す人を最近は見かけなくなりました。

また、マナーモードにする習慣がない人には、着信すると即座に切ってしまう人がいますが、これも、電話をかけた相手に失礼な行為です。マナーモードにしておけば、誰からかかってきたか直ぐ分かります。

基本的に、私は会議中には出ませんけれど、重要なお客様とか、緊急の場合には、席を外して話すか、周りに聞こえないよう小声で「すみません、会議中なのでかけ直します」と言って電話を切ります。

4 メール

①パソコンメール

最近は、スマートフォンの普及で、パソコンメールより携帯メールを利用する人のほうが多くなってきたようです。

また、中小企業や個人間では、LINEが公私共にコミュニケーションの手段として主流となってきました。

しかし私の場合、パソコンメールもかなり多用しています。

通常のビジネスのやりとりはメールが基本です。資料を添付する場合、パソコンメールのほうが使い勝手が良いからです。

また､携帯メールと比べパソコンメールのほうが､処理スピードが断然速いのもその理由です。

私のメールソフト（Ｂｅｃｋｙ）は、スパムメールを迷惑メールフォルダーに振り分けてくれます。そこで、まず迷惑メールのフォルダーに必要なメールが紛れ込んでいないかチェックし、無いことを確認して、全て削除します。

次に受信メールを未開封にして、仕事上優先度の高いメールから読みます。また、読んだメールには原則返信しています。

なお、ゴミ箱はメール数が２００通になった時点で空にしています。

②自分に来たメールには直ぐに返事を出す

メールを送っても返事をしない人が結構多いです。プッシュしても返事が来ない人というのもいます。この理由はいくつかあると思います。

例えば、年配の人はメールを書くのが結構苦手な人もいます。しかし、自分の名刺にメールアドレスを書くなら、来たメールに対しては返事を書かなければいけません。相手に対して失礼になりますから。もしくは、相手に電話をして、「実は自分はメールを見ることはできるけれど、打つことが非常に苦手なのです」と言って、「貴方から来たメールは必ず読んでいますが、返事が書けず失礼いたします」ということを一言言っておけば問題ありません。

これで人間関係は良くなります。

③メールを書くのが苦手な人は特訓する

メールを書くのが苦手な人は特訓したほうがいいと思います。特訓することによって苦手を克服できます。

私も実は三井物産を１９９７年に辞めたときにはパソコンはやっていませんでした。

また、当時メールはあまり普及していませんでした。

メールというものは、商社マン時代にテレックスというものをやっていましたからその延長線上で、すぐに慣れることができました。

しかし、パソコンについては使い方を知らなかったので、40万円の授業料を払ってパソコンスクールに通いました。

また、当時40万円もするパソコン（ＮＥＣのＶａｌｕｅＳｔａｒ）を買って、パソコンスクールで研修をしてトレーニングをして使いこなせるようになりました。

今はそんな苦労をしなくても、授業料も安いですから、自分でしっかりメールが打てるようにしていくことはこのＩＴ時代に重要なことだと思います。

もしあのとき80万円自己投資せずにいたら今はパソコンもメールも使えない高齢者として置き去りにされるところでした。

④ATOKの活用

メールを速く書く方法としてＡＴＯＫというものがあります。同じようなソフトで、マイクロソフトのＩＭＥというものもありますが、私は、ＪｕｓｔＳｙｓｔｅｍｓのＡＴＯＫを使用しています。

ＡＴＯＫは、いろいろな単語や文章を略語で登録しておくことができます。例えば今回のこの本の、『あなたのコミュニケーション力10倍アップの極意』だったら私は、ｃ10と略語登録しておきます。

次に今度はｃ10と入れて変換キーを押すと、『あなたのコミュニケーション力10倍アップの極意』と出てきます。

『あなたの仕事力10倍アップの極意』だったら、ｓ10と登録します。

『あなたの人間力10倍アップの極意』だったら、ｎ10と登録します。

要は自分でルールを決めておくことです。ルールを決めておくと、次に何かやるときに単語変換のやり方を覚えておくことができます。

同じものはどうするのか、同じものは、ＮＥＸＴと出て来るので大丈夫です。私の場合、だいたい英数字1文字から3文字くらいで入れています。例えば「メール」だったらｍ。変換キーを押すとメールと直ぐ出てきます。これは頻繁に使います。それから、メリットというのもｍです。ただし、ｍで1番使うのはメールなので、変換キーを押すと、1番上にメール、2番目にメリットと出てくるので、変換キーを押し、2を押すと、メリットが出てきます。3番目はミッションです。

ただし、ひとつの略語にあまり多くの変換単語が収納された場合、かえって手間がかかることになりますから、その場合は、略語を2文字か3文字にすると同じものはほとんど出てきません。例えば、マーケティングだったらmkt、マネジメントだったらmgmとすれば、同義語はほとんどなくなります。このようにうまくATOKを使いこなせばパソコンでメールを書くのが速くなります。

最近ATOKのメンテナンスを海外に移管したらしく、新しい単語を変換すると変換頻度の低い順から単語が現れます。

ATOKは毎年新しいバージョンをPRしていますが、毎回期待を裏切られます。

最近では無料のマイクロソフトのIMEのほうがいいかもしれません。ただし、こちらも外国人が開発に携わっているので、過度の期待はできないかもしれません。

要は長年かけて単語帳登録して、使い勝手のいいツールにしておくことが肝要と思います。

⑤当てにできないパソコンメールをより確実にするこつ

自分が送ったメールを相手が見たかどうかは重要です。この返事をしない人が結構います。一言、返事を送っておけば相手も安心するのですが、これができない人が意外に多いのです。

これを確実にするために、開封確認メールがあります。本当に見たか、読んだかは別として、相手がクリックしたかどうかが分かる機能です。

ただ、相手に毎回開封確認を要求するメールを送る人もたまにいます。

しかし、これは相手にとって失礼です。

また、スパムメールなども多いので、相手が見ていないケースもあります。その場合には、電話とか携帯で、この間お送りしたメールはご覧になりましたか、というフォローをする必要があります。

昔はスパムメールも少なく、メールを見逃すということもなかったのですが、最近では、スパム対策が進んで、逆に正しいメールも見逃すことが多くなりました。

私も見逃すことがあります。その意味で、電話、携帯もひとつの補助手段として重要なのかと思います。

⑥CC、BCCの使い方

CCはカーボンコピー、BCCはブラインドカーボンコピーのことです。

CCは、自分が相手に送ったメールを一応あなたにも参考に読んでおいてもらいたいという場合に使います。

この場合、メールを受け取った相手は、返事をするときにCC全員に返信を送り返すことが必要です。

ＣＣは、直接の相手ではありませんが、情報共有をする人なので、このＣＣ返信でコミュニケーションが保たれるわけです。

これをやらないと、情報が偏り、コミュニケーションギャップが起こりますので、良くありません。

ただ、このＣＣも送る相手があまりに多すぎると、相手にとって、迷惑メールになります。自分にとって大して意味のないメールを送られてもかえって迷惑ということもあります。

また、よくメーリングリストというものがありますが、これも善し悪しです。

本来そのメールを見る必要のない人が、メールを見ました等と返信すると、メールが飛び交うという状況が生じ、かえって煩わしく感じます。

いずれにしろ、ＣＣで送る相手が多過ぎると、人によっては迷惑メールになり得るということも念頭に入れておいてください。

一方、ＢＣＣというのは、今は、個人情報の問題や、誰に送ったか相手に分かると困るという状況があります。

そういう場合には私はＢＣＣで送っています。ＢＣＣは本来の相手には、他に誰に送ったか分かりませんので、ＣＣとＢＣＣを使い分けるといいと思います。

⑦メールの使い方を間違えるとかえってコミュニケーションが悪化する

あと、メールの使い方を間違えるとかえってコミュニケーションが悪化することがあります。電話、携帯電話、メールは、それぞれ役割があり、使い勝手が違います。

メールというのは、用件を端的に伝えるのに向いています。

例えば、アポ取りの場合ですが、アポ取りには2種類あります。基本的には電話で行いますが、相手の時間が微妙な場合、電話だと微調整ができますが、メールではその辺のところはできません。ただ、2つか3つ、候補の時間を指定して返事をもらうというようなときにはメールが分かりやすいのです。

ただ、これも配慮が必要で、2つか3つの候補日の決定をあまり何日も延ばすと、相手にも迷惑がかかります。そこはちゃんと配慮が必要です。

それから、メールというのは、ある程度、人間関係ができていて、内容がシンプルなケースだと使いやすいのですが、複雑な内容を伝えるときとか、トラブったときとかはメールはあまり向きません。

メールはワンウェイです。ところが、トラブったときにはツーウェイのコミュニケーションが必要になってきます。トラブったときにメールを送ると、かえって自分の意思とか気持ちが伝わらないで、相手との関係が悪化する場合があります。そこをきちっと気をつけたほうがいいと思います。

⑧メールアドレスが変わったら連絡する

メールアドレスが変わったら連絡することは大切です。しかし、これをやってない人が意外と多いのには驚きです。今は、公私共に使っていることも多いし、仕事を離れてもお付き合いすることもあるわけですから。

また、サラリーマンで、仕事を変わったという人も、逆にそれまでの人との付き合いもあるかもしれません。

だから、メールアドレスが変わったら連絡するということで、その人とのコミュニケーションが継続できるわけなんですね。ところが意外とそれをやっていない人が多いのです。これは自らコミュニケーションを絶っていることになります。

なお、私は、転勤、退職等でメールをいただいた場合、必ず返事を出すことにしています。

一方、転勤の挨拶状が私のところにも届きますけれど、私を気に留めていただいたことに感謝しています。その場合、相手に電話をして近況を聴いたりしてコミュニケーションを保つことにしています。

5 パソコンメールと携帯メールとの使い分け

携帯メールとの使い分けです。

携帯メールというのを基本的に私は使いません。なぜならパソコンメールと比べ、書くスピードが極端に落ちるからです。

携帯電話で繋がらないというケースが結構あります。その場合、留守録を使うのですが、留守録がない人もいます。

解決策として、基本的にＬＩＮＥを使います。しかし、私の周りではＬＩＮＥを頻繁に使っている人が大半なので、ＬＩＮＥを未読スルーにしている人も結構いて、緊急メッセージが伝わらない場合もあります。

そのような事態では、スマートフォンのメッセージ機能を使います。こちらは有料だし、文字数制限があるので、ＬＩＮＥよりは見る機会が多いと思います。要は、相手の性格を考えながら、どの通信手段が最適なのかを、絶えず考えながらコミュニケーションをとることが肝要と考えます。

また、私のパソコンメールに、当日のキャンセルや予定変更を送ってくる人がたまにいます。これでは通じないわけですから、私の携帯電話に一言伝えればいいわけです。

― 私の友人から左記のようなキーボード情報が送られてきました ―

パソコンのキーボードはバイ菌の楽園かも…

（英国消費者情報誌『ウィッチ　コンピューティング』5月号掲載）

右記は、同誌編集部にある「パソコン33台」と「トイレの便座」や「ドアの取っ手」を、微生物学者に調べてもらった結果、「黄色ブドウ球菌」の存在が判明したものとのことです。

〝原因〟としては、

・トイレに行って手を洗わずにキーボードを触る。
・パソコンの前で食べたときの食べ物のカスが、菌の栄養源になった。
・埃も空気中の水分を吸って菌が繁殖しやすくなっている。

【調査】 4000人以上のモニター：
月に1回もキーボードを掃除しなかった人↓46％もいた！

この話を聴いて、それ以降私はキーボードに触れた後、手洗いを励行しています。

6 LINE（ライン）

5年ほど前までは私もLINEはほとんど使っていませんでした。

しかし、最近は、LINEは必要不可欠なコミュニケーションツールとなっています。

大半の人がスマートフォンを所有する現代において、LINEは公私共にコミュニケーションの主役となっています。

ところが年配の人で、LINEは面倒なので使わないという人も中にはいます。現役で仕事をしているなら周囲のコミュニケーションから取り残されてしまいます。

また、私の場合、LINEをパソコンとも連動させています。

そのほうが長い文章を短時間で書けるからです。

また、パソコンのデータをcopy & pasteしてLINEのメッセージとして送ることができるので便利です。

ところでcopy & pasteやURLといった基本用語を知らない高齢者がたまにいます。これでは仕事について行けず、取り残されてしまいます。

7 Zoom(ズーム)

コロナショック以降、3密を回避するためにテレワークを導入する個人も企業も急増しています。それに伴い、テレワーク用のアプリケーションのダウンロードが急増しています。中でも個人向け、中小企業向けのアプリケーションZoomの加入者数が急拡大しています。

以前、私はSkypeを使っていたのですが、Zoomの方が使い勝手が断然いいので今は全面的に切り替えています。

Zoomを知ったのはまだ昨年ですが、コロナウイルス以降はZoomを利用する頻度が圧倒的に増えました。ただ、Zoomに参加するならZoomのアプリケーションをダウンロードするだけで簡単ですが、ホストになる場合、結構大変です。

最初は面倒と思ったのですが、仕事として捉えているので、面倒と言ってられません。そこでZoomが得意なビジネス仲間にコーチングしてもらいました。

今では私がホストとしてセミナーを頻繁に開催しています。パワーポイントで資料を作成し、PDFに変換して、プレゼンテーション資料として活用しています。人数は、2人から100人まで、Zoomによる様々なセミナーを行っています。遠距離でも距離感を感じません。頻繁にオンラインで会っているのと同じ親近感が湧いてきます。

また、オンライン飲み会も4回実施しました。通常の飲み会は、人数が多いと全員とのコミュニケーションが難しくなってきます。しかしオンライン飲み会の場合、私がホストで取り仕切り、ひとりひとり自己紹介するのを全員が聴いているので、かえって親睦が深まります。

すでに、セミナーは、ホスト機能を活かし、講師として50回（7月末現在）実施し、今ではＺｏｏｍがないと仕事にならない状態にまでなっています。

年配者の中には、Ｚｏｏｍを面倒と言って敬遠する人もいます。しかし、こちらもＬＩＮＥ同様敬遠しているようでは時代から取り残されてしまいます。「習うより慣れろ！」です。

テレワークの最大のメリットは移動時間と交通費、会議費等諸経費がかからないことです。

これまでは取引先まで往復2～3時間かかっていたのですが、それがかからないので時間の圧倒的節約です。

また、交通費、出張旅費、会議費、懇親会費がかからないので、月間で数万円は節約できます。

特に宿泊を伴う出張の場合には5～10万円はかかるので、経費の大幅節減となります。

コミュニケーション効果の面から捉えるならば、もちろん面と向かって会ったほうがベターです。しかし、Ｚｏｏｍの場合、相手の顔が見えるので、電話だけの場合と比べコミュニケーション効果はアップします。

コロナショック後も、Ｚｏｏｍを中心に、必要に応じて相手と会って、コミュニケーションを深める形に移行していくと思います。

私の場合、浮いた時間を活用して、雑誌（プレジデント誌他）の追加購入をし、そして国際政治学者藤井厳喜先生の有料の動画会員になりました。マスコミの情報だけでは偏った情報となるので、世界の政治経済社会を正しく読み解く情報源としています。

第5章
メンタルヘルスの重要性

1 円滑なコミュニケーションにはメンタルヘルスが重要

私はメンタルヘルスを重要視しています。円滑なコミュニケーションにはメンタルヘルスが重要です。

相手とコミュニケーションをしっかりとるときには、心が落ち着いて、穏やかであることが大事です。自分が怒っているときには、心に余裕がなくなります。どうしても自己中心的となり、相手との円滑なコミュニケーションはできなくなってしまいます。

ですから次の項目の、心の湖面を平らかにすることを心がけることが大事です。

2 心の湖面を平らかにする

湖面が平らかとは、非常に静かで揺れていない状況を表現しています。

湖面に石を投げたらどうでしょう。湖面には同心円状のさざ波がいくつも描かれますよね。これは、心でいえば、相手から影響を受けて心が揺れているという状態です。

絶えず自分の心を平静に保ち、いわば、凪いだ湖面の状態を維持するトレーニングを行うことが重要です。

そうすれば、相手の言葉に対して怒りを覚えるようなこともなくなります。そして相手との円滑なコミュニケーションができてくるわけです。

それでは心の湖面を平静に保つにはどうしたら良いのでしょうか。

私は毎日入浴するときに1日を振り返り、反省します。

そのとき、私の言葉で相手を傷つけたりしたことがあったら、相手に心の中で謝ります。

また、相手に傷つけられた場合、なぜ相手がそういう言葉を発したのかを考えてみます。私の言動にも相手を挑発するような言葉があったのではないかとひとつひとつ点検します。

それでも見つからない場合には、相手の波動を受けないよう心を静めるようにします。

湯船にゆったりと浸かっていると、心身共にさっぱりとしてきます。

また、就寝のときにも再度振り返ってみます。振り返っているうちに、眠ってしまいます。

一方、月に1度はスーパー銭湯で数時間ゆったりと過ごします。最後はリクライニングシートで過去1ヶ月や、今年に入ってからの自分を反省します。

その結果、自然と心の湖面は凪いできます。

さらには3ヶ月に1度、人里離れた研修施設で瞑想します。概ね2泊3日滞在し、ここではもっともっと深く自分を見つめます。瞑想が終わった頃は、日頃積もった心のちりや垢が取れ、湯上がりのようなさっぱりとした気分になります。そして、翌日から心身共に気分さっぱりで仕事に臨むことができます。

3 相手の心は合わせ鏡

①怒ったら負け

自分の心が怒っているときは、その怒りの波動が相手に伝わります。そして、相手の怒りも誘います。そして、コミュニケーションが悪化の方向に進んでいきます。そのような場合、コミュニケーションがとれていないので、お互いに不毛な時間を過ごすことになります。

そして、お互いに後味の悪い結果のまま別れます。場合によっては、禍根となり、いつまでも引きずることになります。ですから、怒ったら負けなのです。その場は、怒りで相手を打ち負かし、勝った

ような気持ちになるかもしれませんが、相手は納得していません。

コミュニケーションにギャップが生じた状態では、相手を打ち負かしても意味がありません。お互いが理解をして納得することが何よりも大事なのです。

②自分がいつも静かな湖面のような状態の場合

ところが心の湖面を平らかにしていると、これも相手に伝わります。そして、コミュニケーションがスムーズとなり、お互いに理解し合えることになります。

4 プラスの釘を打つ

それから、自分に怒りが出てきたとか、マイナスの気持ちが出てきた場合の対処方法です。

人間というものは、いつもプラスとマイナスのことを、同時に考えられません。自分が怒りまくっているときに、心の底から笑うことはできません。

ですから、マイナスの気持ちが出てきたら、そこにプラスの釘を打つのです。

つまり、良いことを考えるのです。失敗したとか、ミスをして落ち込んだとかいうときには、逆に良いことを考えるのです。

忙しい人ほどマイナスのことを考えている余裕はありません。次のことをどんどん考えなくてはいけないからです。

失敗したことは反省して、次に失敗しないことが大事です。

終わったらそのマイナスを引きずらないことです。プラスのこと、つまり前向きのことを考えることです。前向きのこと、つまり、プラスの釘を打つことによって、マイナスの思いは引っ込んでいきます。これが大事です。

5 不平不満を抱いたときには感謝の念を抱く

それから、人間のことですから、不平不満もあるでしょう。言いたいこともあるでしょう。

そういうときは感謝の念を抱くことです。

自分が仕事をできていること、健康で生きていられること等、周りの人、親とか会社の人に感謝の念を抱くことが大事です。

この感謝の念をしっかり抱けるようになると、不平不満はなくなってきます。

メンタルヘルスの重要性

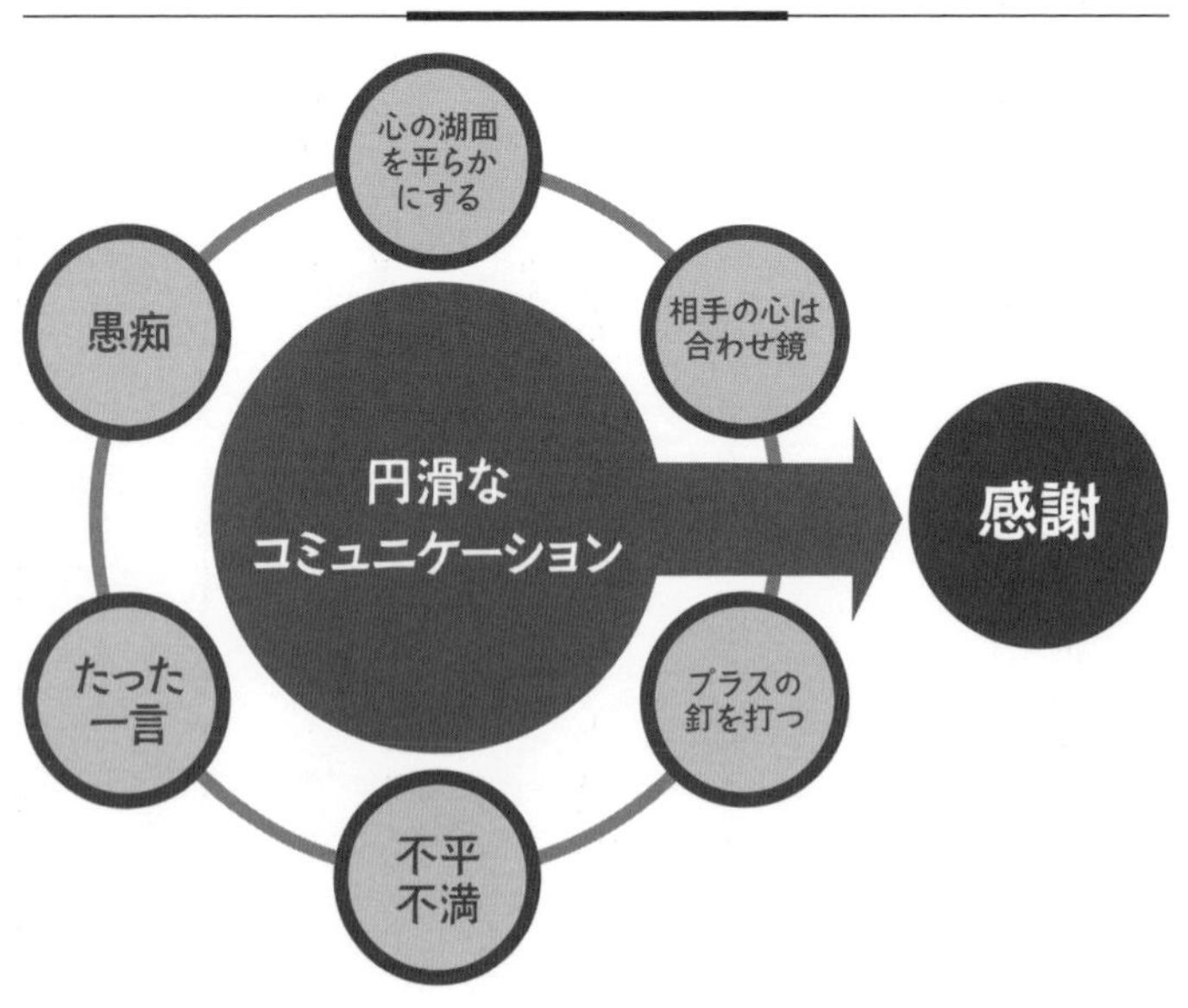

第6章

コミュニケーション力アップ応用編

この応用編については、さらっと目を通していただいて、自分ができるものから始めたらいかがでしょうか。一気にやることが無理なもの、徐々にやっていけばいいもの、いろいろあります。

第1章から第5章まで5つのテーマに関しては、何度も繰り返し読むことによって、習慣化していきます。

それによって、コミュニケーション力がアップしていきます。

一方、応用編は、その5つのテーマをしっかりと積み重ねて習慣化することによって、応用編が、さらに活きてくるというものが結構あります。

1 情報は複数から入手する

情報というものは複数から入手するのが原則です。特に対立しているふたりがいる場合、真逆の捉え方をしていることが頻繁にあります。

これを象の例で説明すると分かりやすいと思います。象は大き過ぎて、見た人の角度によって見え方が異なります。上から見た場合、下から見た場合、前から見た場合、後ろから見た場合、全て見え方が異なります。

人に対する感じ方も、その人との利害関係等によって異なります。また、その人の個性も影響してきます。

例えばひとつの情報だけ得て、総合判断してしまう人、思い込みの強い人の場合、その人の全体像を見誤ることが多いです。バイアスをかけ、相手の情報をしっかりと理解しない人の場合、その人の情報は偏ったものとなります。

私の場合、物事を感情抜きでニュートラルに捉え、そのときの利害関係者に最大のメリットが及ぶように考えます。このような姿勢で臨むと、自然と情報は集まってきます。

こういう態度で接していると、自ずと流れはそちらに流れるようになっていきます。

2 蓄積の原理

①五感にたくさんの情報を蓄えておく

いろいろな情報を持てば持つほど、コミュニケーション力はアップしていきます。つまり対応能力が上がるということです。

本書でたびたび取り上げているメルマガ『マーキュリー通信』は、既に4000回以上書いてきましたが、蓄積の原理が働いています。

日々活動していく中で、いろいろなキーワードが思い浮かびます。それをメモしておいてパソコンのキーボードの上に指を置くと、文章がだーっと出てきます。たぶん私の脳内には無数の情報の小箱があり、それを瞬時に検索して引き出す力が長年書き続けることでついてきたのだと思います。

ただし、新たな情報や知識を絶えず仕入れておかないと、メルマガ『マーキュリー通信』の内容自体が陳腐化し、同じことの繰り返しとなり読者から飽きられます。そのために、今でも、年間150~200冊の本と、年間200冊の雑誌を読んでいます。YouTubeからも情報を得ます。マスコミからの情報もあります。また国際政治学者藤井厳喜先生の有料読者となり、マスコミでは得られない情報を入手しています。マスコミ情報だけでは情報が偏り、判断ミスをしかねません。

そんなありとあらゆる情報や、日々私がいろいろ活動をしていることが、血となり肉となって、私の五感の中に蓄えられていくわけです。これが基となり、毎日政治・経済・社会、それから経営、ビジネス、趣味、人生、その他50以上に及ぶカテゴリーの中からメルマガ『マーキュリー通信』として発信されていきます。

②いろいろな情報を結びつける習慣をつける

①で述べたように、私は日々トレーニングを積んでいるわけです。

このトレーニングは、実は日々の仕事の場面で役に立つのです。仕事では、様々なシチュエーションが出てきますが、普段からあらゆる情報をインプットしながら同時にアウトプットする習慣をつけておくと、いろんな形で対応できます。

例えば、経営コンサルタントとして様々な経営相談を受けますが、普段からいろいろな情報を結びつける習慣をつけているので、相手からの質問に瞬時に応えることができます。

その結果、コミュニケーション力が大きくアップし、自由自在に応用できるようになります。

若い方だと経験とか知識は少ないでしょうが、日々トレーニングをすることでコミュニケーション力がついてきます。

また、自分の仕事以外のことでもしっかり勉強しておく。

例えば、読書の習慣をつけることなどをやっておくと、蓄積の原理が働き、いろんな情報が、自分の脳だけでなく、五感に蓄えられます。

いつそんな時間があるかというと、私の場合、だらだらとテレビは見ません。見たい番組があれば録画しておき、自分が見たい時間に見ます。録画番組は、朝の運動時間2時間、食事の時間帯等に見ます。期待外れの場合には直ぐ削除します。どんな番組を見るかといえば、自分の仕事に関わるものだけでなく、自分の幅を広げるものであれば何でも見るようにしています。最近のwithコロナの時代では、在宅ワークが中心です。その分、時間的余裕が出てきたので、情報収集や読書の時間に充てています。

これができるようになれば、次のテーマ、「相手の反応を見ながら自分の対応の仕方を変える」が、できるようになってきます。

3 相手の反応を見ながら自分の対応の仕方を変える

①相手の反応を見ながら自分の対応の仕方を変える

これは、なかなか一朝一夕にはできませんが、五感にたくさんの情報を蓄えて、それをアウトプットできるような習慣がついてくると、相手の反応を見ながら自分の対応の仕方を変えるということが、臨機応変にできるようになってきます。

これも、時間とか経験が非常に必要になってきますが、トレーニングを積むことによってコミュニケーション力がアップしてきます。

《メルマガ『マーキュリー通信』より
―相手が聴かないモードに入った時には、敢えて議論を避ける―》

コミュニケーションの基本は相手を理解し、自分の言いたいこと、相手にやってして欲しいことが伝わり、その通り物事が動いていくことです。しかし、現実にはそうならないことも多々あります。

自分が言いたいことを言いつのるタイプの人は、得てして人の話を聴かないことが多いです。会話をしていて、相手が聴かないモードに入ったとき、私は敢えて議論を避けるようにしています。相手とこれ以上ディスカッションしても、非生産的だと分かるからです。そして、会話を終える方向へと流れを作ります。そのときのコミュニケーション上の反省点を踏まえ、次の手をどうやって打ったらいいかを考えます。

大ベストセラー書『7つの習慣』（スティーブン・コヴィー著）の第5の習慣に「理解してから理解される」があります。第5の習慣は、本書でも何度も登場しますが、この習慣がつくとコミュニケーション力は格段にアップします。

相手を理解することで、コミュニケーションの質はぐんと上がっていきます。そして、コミュニケーション力も上がっていきます。

②相手の得手不得手に合わせたコミュニケーションを心がける

コミュニケーションの手段が多様化しています。人によって得意な手段が異なります。

以前はパソコンメール中心でしたが、最近はＬＩＮＥ、Ｆａｃｅｂｏｏｋのメッセージ機能、携帯メールが得意な人も増えています。

そこで相手の得意な手段を中心にコミュニケーションをとると、相手とのコミュニケーションがアップします。

また、TPOに応じても使い分けています。

緊急の場合にはパソコンメールは不向きです。その場合、LINEまたは携帯のメッセージ機能を使っています。携帯電話にかけても相手が会議中の場合も多くあります。

アポの変更、待ち合わせ場所の変更等にも便利です。

コミュニケーション手段を使い分けることで、コミュニケーションがスムーズにいきます。

4 自己確認と自己拡大

①自己確認

自己確認とは、自分が既に認識（自覚）していることを再確認することです。

例えば、会話のなかで相手の長所を認め褒めます。褒め言葉は、その人の自己確認を高め承認欲求をみたします。

褒められると嬉しいですよね。相手もだんだん心を開きます。心が開いてくると本音が出てきます。語り始めます。そして、知りたい情報も得られるわけです。

②自己拡大

自己拡大とは、その人が気づかないことを、「こうやったらどうですか」「こうやったらいいんじゃないですか」と、サジェスチョン、提案してあげることです。そのことによって、さらに、その人の良いところを伸ばすようにしてあげること、これが、自己拡大です。

ここまでできるようになれば立派なものです。ミーティングのときに相手の言うことにうなずき、相手の良いところを認めてあげることです。そしてさらには、相手の長所を認めて伸ばしてあげることです。こうすることによりコミュニケーションはアップしてゆきます。これも経験が大事なので、一朝一夕には難しいかもしれません。

《メルマガ『マーキュリー通信』より　―「相手の心は合わせ鏡」女教師と生徒の話―》

「相手の心は合わせ鏡」とよく言います。

これは、あなたが相手に好意を持っていると、まるで鏡に映っているように、あなたの心が相手に反射し、相手が好意を持つようになります。

コミュニケーションにも段階があり、５段階目になると神仏の世界を垣間見る境地に至ります。

「神仏の目から見たら、自分も他人もなく、それこそ自他一体の世界があるのみ」

先日、友人から女教師と生徒の心温まる話をいただきました。これなどまさに神仏の目から見た自他一体の世界と感じました。

素晴らしいお話なので、ご紹介します。

〈先生と子供の物語〉

小学校で5年生の担任をしていた教師の話です。

その先生は、小学校5年生の担任になったとき、自分のクラスの中にひとり、どうしても好きになれない少年がいました。服装が不潔でだらしなく、好きになれなかったのです。

先生は、中間記録に、少年の悪いところばかりを記入するようになっていました。ところが、あるとき、少年の1年生からの記録が目に留まりました。

1年生のときは、「朗らかで、友達が好きで、親切。勉強もよくでき、将来が楽しみ」と記録されていました。「間違いだ。他の子の記録に違いない」と、先生は思いました。

2年生になると、「母親が病気で世話をしなければならず、時々遅刻する」と記録されていました。

3年生では、「母親の病気が悪くなり、疲れていて、教室で居眠りする」。3年生後半の記録では、「母親が死亡。希望を失い、悲しんでいる」。4年生になると、「父は生きる意欲を失い、アルコール依存症となり、子供に暴力をふるう」。先生の胸に激しい痛みが走りました。

ダメと決めつけていた子が突然、深い悲しみを生き抜いている生身の人間だと感じられたのです。先生にとって、目を開かされた瞬間でした。

放課後、先生は少年に声をかけました。

「先生は夕方まで教室で仕事をするから、あなたも勉強していかない？　分からないところは教えてあげるから」少年は初めて笑顔を見せました。

クリスマスの午後、少年が小さな包みを、先生の胸に押しつけてきました。

あとで開けてみると、香水の瓶でした。亡くなったお母さんが使っていたものに違いない。先生はその一滴をつけ、夕暮れに少年の家を訪ねました。

ひとりで本を読んでいた少年は、先生に気がつくと飛んできて、先生の胸に顔を埋めて叫びました。「ああ、お母さんの匂い！　きょうは素敵なクリスマスだ！」6年生になり、先生は少年の担任ではなくなりました。卒業のときに、少年から一枚のカードが届きました。

「先生は僕のお母さんのようです。そして、今まで出会った中で、一番すばらしい先生でした」

それから6年が経ち、またカードが届きました。

「明日は高校の卒業式です。僕は5年生で先生に担当してもらって、とても幸せでした。おかげで奨学金をもらって医学部に進学することができます」

さらに10年が経ち、またカードが届きました。

そこには、先生と出会えたことへの感謝と、父に叩かれた体験があるから、患者の痛みが分かる医者になれたと記され、こう締めくくられていました。

「僕はよく5年生のときの先生を思い出します。あのままダメになってしまう僕を救ってくださった先生を、神様のように感じます。大人になり、医者になった僕にとって最高の先生は、5年生のときに担任してくださった先生です」

そして1年後、届いたカードは結婚式の招待状でした。「母の席に座ってください」と一行、書き添えられていました。（『致知』 致知出版社より）

この先生が少年のことを「ダメな子」「だらしない子」だと決めつけていたときは、この少年のことを好きになれなかったのです。

しかし、少年の心の痛みを理解し共感したことによって、その少年にとって人生の恩師になるような先生になったのです。

私たちは、目の前の人に対して、ついつい「○○な人」という決めつけをしてしまいます。

「ダメな人」「わがままな人」「イヤなやつ」「性格の悪い人」等レッテルを貼ってしまいます。

それは、その人の奥にある心の痛みを理解できていないだけなのかもしれませんね。

その人の心の痛みに共感し、その人をまるごと理解してあげることができたら、その人にとっての〝心の支え〟になってあげることができるのかもしれません。

5 縁は異なモノ味なモノ

私のように70年以上も生きていると、縁は異なモノ味なモノとつくづく感じます。

私自身の人生を振り返って、非常にラッキーな人生だったなと思っています。

それは私自身が、縁を大切にしてきたからなのかと思います。

どんな小さな縁も大切にしてきました。

これが、縁が活きることに繋がっているものと思います。

私は、中小ベンチャー企業の経営者の方のお役に立ちたいという気持ちを、絶えず持っているわけです。

これというのも、私が縁というものを大事に思い、これがひとつの引き寄せの法則となって、私のところに様々な情報が入ってくるものと理解しています。

6 足し算の法則とかけ算の法則

それから、足し算の法則とかけ算の法則ですが、1＋1は2ですね。1×1は1です。

かけ算のほうが小さくなりますね。

2＋2は4、2×2も4です。

2の場合は、足し算もかけ算も同じです。

3＋3は6です。ところが3×3は9ですね。

3の場合は、かけ算のほうが数字が大きくなります。

数字が大きくなればなるほど、足し算とかけ算の開きが大きくなるわけです。

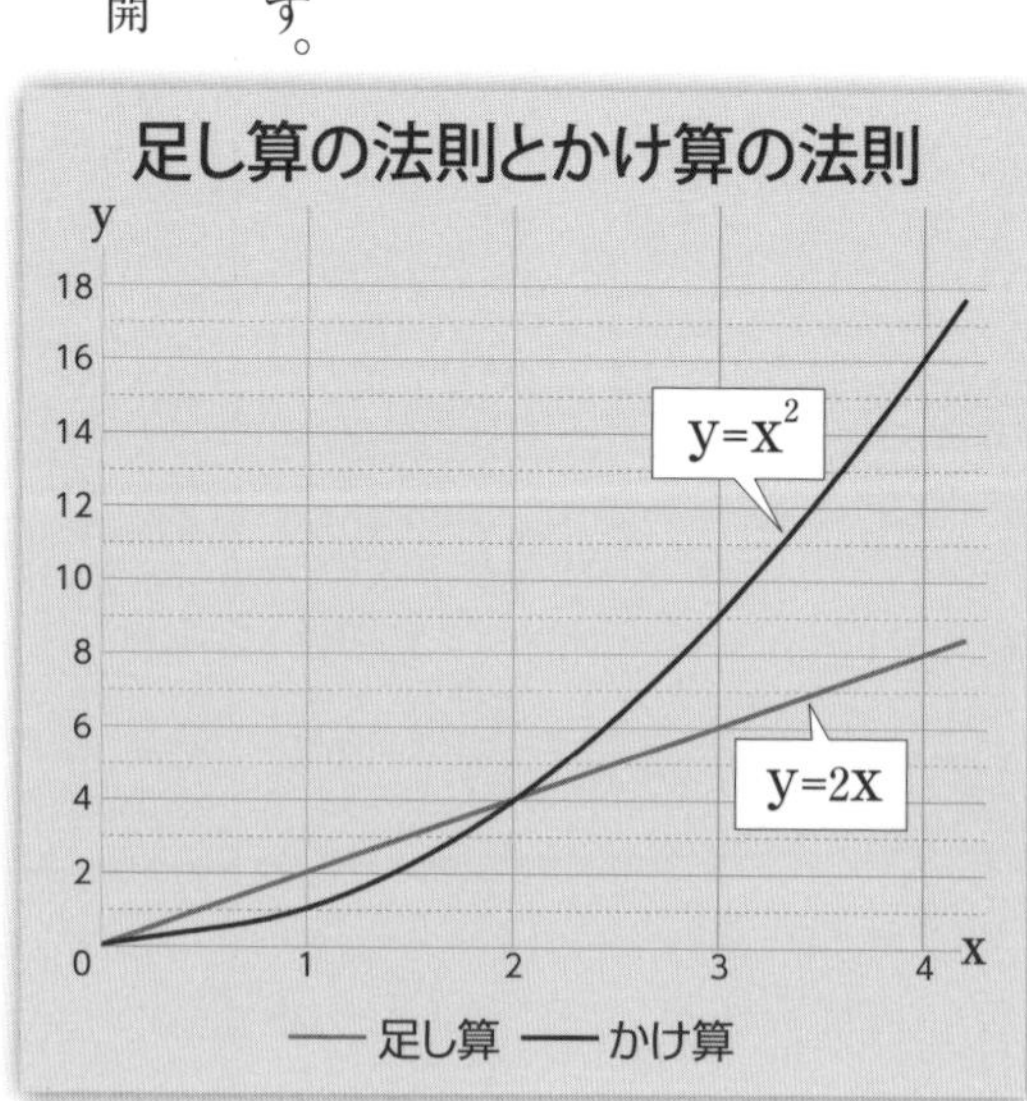

これは何を意味しているのかというと、コミュニケーションと同じことなのです。

つまり、コミュニケーションもしっかり組み上げれば、その数が大きくなればなるほど、力が急速に増えていくのです。

ランチェスターの法則というものがありますけれど、これは相手の兵力と自分の兵力は、その数の二乗に比例する、と書いています。

まさに、そのことなのです！

つまり、コミュニケーションを大切にして、ヒューマンネットワーキングの数を増やしていくと、あなたは強大な力を得ることができるのです。

これは私がシリーズでやってきました、人脈力、営業力、仕事力、人間力であり、これらの力が皆アップしていくわけです。

7 謝罪の達人となる

戦国時代の武将伊達政宗は、謝罪の達人といわれています。

政宗は、豊臣秀吉の北条氏征伐の下知を無視してしまいました。まだ秀吉の実力をタイムリーに把握できない当時、秀吉の実力を過小評価したのが原因だったようです。

北条氏が滅んだ後に、秀吉の実力を知った政宗は青くなりました。この時代、切腹モノでした。

政宗は、秀吉に謝罪に伺いたい旨、使者を送りますが、激怒した秀吉は会おうとしません。

そこで、政宗は、秀吉の親友前田利家のとりなしで謝罪に伺うことに成功しました。

政宗は、全身白の死に装束を着て秀吉の前に現れます。政宗は、切腹覚悟で秀吉の前に現れたわけです。

政宗の魂胆を見抜いた秀吉は、打ち首にしようと考えました。

しかし、その時、秀吉の側近たちが政宗の死に装束に感嘆の声を上げ、空気が一変しました。

秀吉は、ここで打ち首にしたら自分の器量を疑われるととっさに判断し、政宗の謝罪を受け容れました。

このエピソードは現代でも通じるようです。

重要取引先に迷惑をかけた場合、直接謝罪しても取り合ってくれない場合、第三者を介して謝る場を作ることです。

第三者の活用は現代社会でもよく行われています。

それと場の空気を作ることの重要性です。そのための段取り、着用するスーツ、ネクタイ、ワイシャツ、靴等相手の性格を考慮しながら、どうしたら受け容れられるかを考えることも重要です。

しかし、一方で相手との関係に配慮したコミュニケーションをとる重要性を認識することも大切で、そのために相手の情報収集も重要です。

それでもミスを犯した場合、大事になる前に、素直に謝罪することが取引先との関係を円滑にする上で大切といえます。

8 沈黙は強力な武器

①沈黙は強力な武器であり、時として凶器にもなる

商談等のクロージングで、相手の同意を促すために沈黙を保つことがあります。沈黙することで、相手に対する威圧感を与えることになります。

これは高度な交渉テクニックなので、若い営業パーソンにはあまりお勧めできません。

一方、普段仕事でコミュニケーションをとっていた仲間と、突然連絡がとれなかったりすることがあります。当然仲間として何かあったのかと心配します。

しかし、相手の心配をよそに突然コミュニケーションを断ち切り、一切連絡をよこさない人も中にいます。

このような場合、「縁を切る」という意思表示ともとられるので、よほどのことが無いかぎり、行使しないほうがいいです。その結果、信頼関係にひびが入ることにもなります。

②沈黙、無視は信頼関係を断つ武器になる

日頃私のところには多数の依頼案件が来ます。

皆さんお願いするときには、コミュニケーションが良いのです。

しかし、その逆になると、とたんにコミュニケーションが悪くなる人が多いです。

こういう人は、やはり信頼をなくします。


沈黙と無視は多少ニュアンスが異なります。

沈黙は、自分が都合の悪いことには答えない態度です。

これは、相手の状況でおおよその見当がつきます。

沈黙しないで困っていることを相談すれば、道が開けることもあるのですが、それができない人も多いようです。

最近Y社の倒産情報を聞きました。その社長も今頃は債権者から逃げ回っているのでしょう。私に一言相談してくれれば力になってあげられるかもしれないのに……残念です。

こうなると本人の心の中は破壊と逃走の地獄の世界が展開しています。

一方、無視は軽い無視から意図的な無視まであります。意図的な無視の場合、相手との信頼関係に大きな亀裂を生じることになります。

たとえ本人にその気がなくても、相手の立場に立つと、相手の気持ちが分かってくるはずです。

9 コミュニケーションの極意　か・き・く・け・こ

コミュニケーションの極意「か・き・く・け・こ」です。

「か」は、感謝です。コミュニケーションは、自分ひとりの力でとれるものではないのです。ですから、自分が現在あるということに対して感謝を持つということです。

「き」は、気遣いです。周りの人に対して小さな気遣いをしてくださいということ。これで相手との人間関係が円滑になってきます。

「く」は、私のような年齢になってくると、苦言とか、苦情を言ってくる人はなかなかいません。ですからもし、苦言、苦情、そこまで行かなくても、意見やアドバイスをしてくれる人がいれば、感謝する。「ありがとう」という気持ちを出すことが大事です。これによって、自分にとって耳が痛いようなことが入ってきます。これが逆の態度だと、絶対何も言ってきません。これは自分の向上にも繋がってこないのです。当然、コミュニケーションもうまくいかなくなってきます。

そして、その、苦言、苦情が入ってくるベースとなるものは次の「け」、謙虚さなのです。

絶えず人の言葉に耳を傾けようという謙虚な気持ちになる、人の意見を受け容れよう、耳を傾けよう、という気持ちがあると苦情とか、苦言とかが入ってくるわけです。

そして最後、「こ」、これは言葉遣いなのです。

仏教には、八正道、八つの正しい道というものがあります。その3番目に、「正語」、正しい言葉というものがあります。日々、正しい言葉を語ったか、ということを反省するひとつの材料なのです。その人とやりとりをするときに、まずは、その人がどういう言葉を発したかということが全てなのです。発した言葉というのは、言葉遣いも含めてです。付き合っていくうちにだんだんその人の人間性というものが分かってきます。その人が分かるというのはその人がどういう言葉を発したか、その言動に尽きるわけです。

自分中心のコミュニケーションではなく、相手中心のコミュニケーション。相手に「さん」づけをして対等のコミュニケーションをとると、相手も認められた気持ちになります。

TPOに応じて、私、僕、俺などの言葉を使い分けることにより相手の印象も変わります。

感謝の「か」、気遣いの「き」、苦言・苦情の「く」、謙虚の「け」、言葉遣いの「こ」。これら5つのキーワードを、いつも念頭に置きながらコミュニケーションを行うことで、コミュニケーション力アップになります。

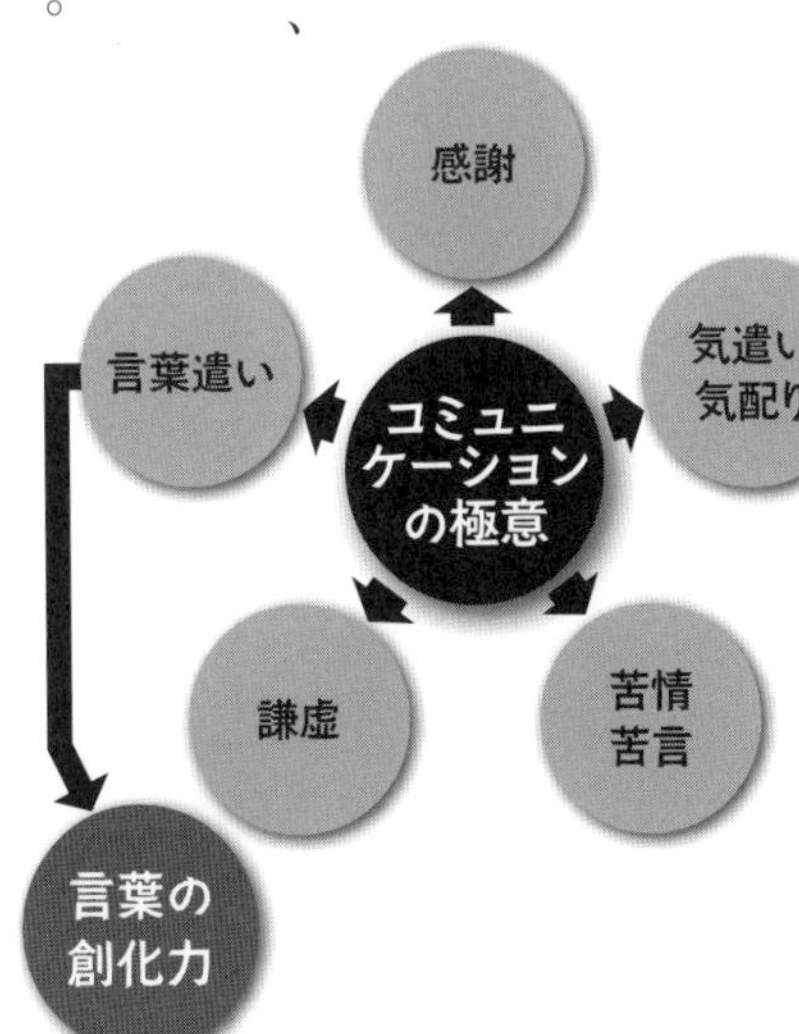

10 詐欺師とのコミュニケーション

最後に、詐欺師とのコミュニケーションです。ずいぶん変わったテーマですが、人生長い年月を生きてきますと、たまに詐欺師みたいな人と会うこともあります。いつ何時詐欺師または詐欺師まがいの人が出てくるかもしれないので、どういう性癖なのかを事前に知っておくことも大切と思います。

私もかつて詐欺師の社長2社と仕事をしましたが、良い経験となりました。そのうち、1社のT社長の話をします。

詐欺師は自分に都合の良いようにストーリーを作っていきます。詐欺師は、相手とのやり取りの中で、事実を誇張したり、彼のストーリー展開の中で様々な作り話をします。

10年ほど前に、T社長からの要請でS社の営業本部長を引き受けました。その前の会社では月額100万円の業務委託料をいただいていたのですが、S社では100万円は支払う余裕がないので、月額60万円＋同社株式1000万円分をいただきました。

T社長と人間関係がうまくいっていたときには、「菅谷さんは、スーパーマンのようなダントツトップクラスの営業マン」だと社員および周りに吹聴していました。事実待遇に見合う実績は残していました。同社ではダントツの営業成績を残しました。

ところがあるとき、彼の2号さんを私の秘書として押しつけようとしたので、私は断りました。するとT社長は烈火のごとく怒り、今度は手のひらを返したように私を非難し始めました。例えば、私は夏には日射病にならないように、帽子をかぶったり、紫外線を防ぐためサングラスをしたりします。当然取引先と会う直前に帽子やサングラスを取ります。しかし、T社長は、「菅谷さんは、夏はお客様の前でアロハシャツを着て非常に失礼な態度をとった」と、ストーリーを変えて社員に吹聴します。

当然、そのようなT社長とはやっていけず、退職しました。

詐欺師というものは、ストーリー作りに長けているのだなと、私としては良い経験になりました。T社長は、これまでも事業に失敗してきました。失敗すると愛人と一緒に海外に逃亡するそうです。それまでの人脈を一切断つそうです。そして、ほとぼりが冷めた頃に帰国します。

今になってなぜT社長はこれまでの人間関係を断つのかよく理解できます。つまり、人間関係を断つことで、彼の悪評判が広がらないよう防いでいたわけです。

Coffee Break

―１００万円がしおりに化けた!?―

同社を退職した私は株式１０００万円を返却することに同意しました。

T社長の使いの者I氏と喫茶店で会いました。

I氏は、１００万円くらいの厚みのある封筒を私に見せました。

しかし、封筒を渡す前に、誓約書にサインして欲しいとのことでした。

同誓約書には、今後T社長のことをインターネット等で批判しないことを含め、いくつかの項目がありました。

それにサインすると、I氏から１０００万円の株券と交換に封筒を渡されました。

I氏が立ち去った後で封筒の中身をチェックしました。すると、新札の１万円札が５枚、後は１万円札と同じサイズのしおりが入っていました！

改めて詐欺師の手口に感心しました。

おわりに

本書を読み返していて、結局本書は私のコミュニケーション力アップの過程であることが分かりました。人生の途上で様々な人と出会います。百人いたら百様です。若い頃は自分中心のコミュニケーションでした。当然、コミュニケーションを巡っての衝突、トラブルが発生しました。それをひとつひとつ解決しながら、自分自身自己成長してきたことが分かりました。

本書を読んで、もし該当箇所があれば、それを直す努力をすることで、自分自身のコミュニケーション力がアップしていきます。そして、気がついたときには自己成長の喜びが得られます。

DVD『あなたのコミュニケーション力10倍アップの極意』を発売したのが2012年、8年前のことでした。

当時と比べてスマートフォンが登場し、大半の人がスマートフォンを持つようになり、コミュニケーション手段が様変わりしました。

その結果、LINEが公私共にコミュニケーション手段の主役のひとつとなりました。

8年前にはLINEをやっていなかった私も今では毎日LINEを活用しています。既になくてはならないコミュニケーション手段となっています。

さらにコロナショック以降、Ｚｏｏｍが新たなコミュニケーション手段として，にわかに注目を浴び、今やＺｏｏｍなしではビジネスができないような状況になってきました。

逆にこれについていけないと、時代から大きく取り残されてしまうことになります。

「はじめに」でもお伝えしたように、現在スーパージェネラリストとして培ってきたビジネス経験、ノウハウを若い世代に「10倍アップの極意シリーズ」として今年から伝えることにしました。ビジネスに必要な英語力を、1月に『Ｂｏｂ　Ｓｕｇａｙａのあなたの英語力10倍アップの極意』として出版、4月に『あなたの人脈力10倍アップの極意』を出版しました。

そして7月に『あなたのコミュニケーション力10倍アップの極意』を出版する計画でした。

しかし、中国武漢発コロナショックの影響で3密の回避やソーシャルディスタンスが必要となり、その結果、新たなコミュニケーションツールとしてＺｏｏｍが台頭し始めます。

今後もＺｏｏｍはコミュニケーションツールとして必要不可欠なものとして存続していくことになるでしょう。そこで、私自身もこのアプリケーションに慣れ、ある程度使えるレベルになってから出版することにしたため、出版を7月から10月に延期することにしました。

私自身、Ｚｏｏｍをホストとして利用し始めてからまだ3ヶ月ですが、その間、このホスト機能を駆使して、50回以上のセミナーを講師として実施し、その便利さを実感しています。

次作は、12月に『あなたの営業力、伝える力10倍アップの極意』を出版予定です。

来年は、「10倍アップの極意シリーズ」として4冊を出版する計画です。

3月『あなたのプレゼン力、トーク力10倍アップの極意』
6月『あなたの仕事力10倍アップの極意』
9月『あなたの人間力10倍アップの極意　ビジネス編』
12月『あなたの健康力10倍アップの極意』を出版予定です。

人間力以外は、Ｚｏｏｍの活用が必要不可欠です。そのときまでに、このツールをさらに使いこなし、皆さんのお役に立てればと思います。ご期待ください。

※出版の順序は、状況に応じ、変わることがあります

令和2年8月
富、無限大コンサルタント
最勝の経営参謀役　菅谷信雄

著者 菅谷信雄 ―――――――――― PROFILE

- 1972年、一橋大学商学部(marketing専攻/田内幸一ゼミ)卒。1972〜1997年、三井物産(株)に25年間勤務。三井物産在籍中に、若手物産マンの人材育成プログラムCDP(career developm.ent program.)に従い、開発会計で財経部門を3年間経験した後、凡そ3年毎に国内鉄鋼営業、石炭部、北米研修員、Canada三井物産新規炭鉱開発兼契約担当窓口、鉄鋼部門のシステムコーディネーターを経験後、自ら希望して新設の情報産業部門に異動。異動後の最重要案件として、テレマーケティングの新会社(株)もしもしホットラインの設立業務に従事。同社は、1987年6月23日に設立。現在年商1千億円企業、従業員3万人の大企業に成長(内正社員1万人)。東証一部上場、現在りらいあコミュニケーションズ(株)に社名変更。その後、情報通信事業部の新規事業責任者。最後は東京電力他と共同出資会社東京通信ネットワーク(株)に出向。

- 1997年〜現在
- 2002年　世界最小の総合商社(有)マーキュリー物産設立(資本金1000万円)
- 初出版:『超失業時代を勝ち抜くための最強戦略』(明窓出版)
  紀伊国屋新宿本店ベストセラー書週間第5位
- 三井物産退職後、23年間で18社に数千万円投資。内1社上場、現在数社が
  上場に向けて事業推進中。

- 2008年　DVD『あなたの独立開業1年後には年収1000万円にする』発売

- 2014年5月　NPO生涯現役推進協会設立。

- 2015年7月　一般社団法人空き家問題解決協会設立

- 2016年2月　電子書籍『マンション管理、7つの失敗とその回避策』をAmazonから出版

- 2019年7月　『生涯現役社会が日本を救う!』(平成出版)を出版

- 2020年1月　『Bob Sugayaのあなたの英語力10倍アップの極意』出版。同時に電子出版としても発売。

参考文献（価格は全て消費税別）

『あなたの人脈力10倍アップの極意』（菅谷信雄著　游学社）
『3秒で心をつかみ10分で信頼させる聞き方話し方』（小西美穂著　ディスカバー）
『テクニックを超えるコミュニケーション力のつくり方』（岸英光著　あさ出版）
『最強のチームのつくりかた』（内田和俊著　日経ビジネス文庫）
『なぜあのリーダーはチームを本気にさせるのか？』（広江朋紀著　同文館）

第2章：
『ピーター・ドラッカー著「プロフェッショナルの条件』（ダイヤモンド社）
『7つの習慣』（スティーブン・コビー著　キングベア出版）
『まんがと図解でわかる7つの習慣』（スティーブン・コビー監修　宝島社）
『なぜ、あのリーダーはチームを本気にさせるのか？』（広江朋紀著　同文館）
『ザ・プロフェッショナル』（大前研一著　ダイヤモンド社）

第3章：
『7つの習慣』（スティーブン・コビー著　キングベア出版）
『まんがと図解でわかる7つの習慣』（スティーブン・コビー監修　宝島社）
『ドラッカー365の金言』（ピーター・ドラッカー著、上田惇生著　ダイヤモンド社）
『不動心』（大川隆法著　幸福の科学出版）
『真説　八正道』（大川隆法著　幸福の科学出版）
『潜在能力超活性化ブック』（ジグ・ジグラー著　きこ書房）

第4章：
『ズームオンライン革命』（田原真人著　電子出版）

第5章：
『心を癒やすストレスフリーの幸福論』（大川隆法著　幸福の科学出版）
『瞑想の極意』（大川隆法著　幸福の科学出版）

第6章：
『釈迦の本心』（大川隆法著　幸福の科学出版）

あなたのコミュニケーション力10倍アップの極意

2020年10月5日　初版第1刷発行

著　者　菅谷　信雄
発行人　後尾　和男
発行所　株式会社玄文社
【本　社】〒108-0074　東京都港区高輪4-8-11-306
【事業所】〒162-0811　東京都新宿区水道町2-15　新灯ビル
TEL　03-6867-0202　FAX　03-3260-9265
http://www.genbun-sha.co.jp
e-mail : genbun@netlaputa.ne.jp
装　丁　北澤眞人
印刷所　新灯印刷株式会社